CUSAN DYN DALL

BLIND MAN'S KISS

Books by Menna Elfyn

Mwyara (Gomer Press, 1976)
'Stafelloedd Aros (Gomer Press, 1978)
Tro'r Haul Arno (Gomer Press, 1982)
Mynd Lawr i'r Nefoedd (Gomer Press, 1985)
Aderyn Bach mewn Llaw (Gomer Press, 1990)
Dal Clêr (Hughes a'i Fab, 1993)
Madfall ar y Mur (Gomer Press, 1993)
Eucalyptus (bilingual, Gomer Press, 1995)
Cell Angel (bilingual, Bloodaxe Books, 1996)
Cusan Dyn Dall / Blind Man's Kiss
    (bilingual, Bloodaxe Books, 2001)

First English translations appeared in
The Bloodstream, ed. Ceri Meyrick (Seren, 1989)

WEBSITE:
www.mennaelfyn.co.uk

MENNA ELFYN

Cusan Blind Man's
Dyn Dall Kiss

with English translations by
JOSEPH CLANCY
GILLIAN CLARKE
TONY CONRAN
ELIN AP HYWEL
NIGEL JENKINS

BLOODAXE BOOKS

ISBN: 1 85224 544 1

First published 2001 by
Bloodaxe Books Ltd,
Highgreen,
Tarset,
Northumberland NE48 1RP.

Bloodaxe Books Ltd acknowledges
the financial assistance of Northern Arts.

The publication of this book has been supported
with a translation grant from the Arts Council of Wales.

Cover printing by J. Thomson Colour Printers Ltd, Glasgow.

Printed in Great Britain by
Cromwell Press Ltd, Trowbridge, Wiltshire.

I Wynfford
(eiriolwr, noddwr fy nwyf)

ACKNOWLEDGEMENTS

Acknowledgements are due to the editors of the following publications in which some of these poems first appeared: *Asheville Review*, *English Journal* (NCTE, USA), *Literary Review* (USA), *Planet*, *Poetry Now*, *Poetry Wales*, *Roundyhouse* and *Scintilla 2*. Two translations appeared in *Ambush* by Nigel Jenkins (Gomer Press, 1998).

'Defaid' is an extract from a libretto first performed by the Welsh American Choir in Minneapolis in 1999. 'Standing By' was commissioned for the Waiting Rooms Project (Poetry Society). 'Y gwas bach' was published in a millennium book of poetry, *Shirgar Anobeithiol* (2000), edited by the author for Carmarthenshire Libraries. 'Bloeddier i Bobloedd Byd' was also published by Gomer Press in a millennium anthology.

Special thanks are due to Jean-Luc Choplin, Artistic Director with the Walt Disney Company Corporation, for making it possible for me to spend many months in New York City while writing the libretto 'Garden of Light', performed by the New York Philharmonic Orchestra and conducted by Kurt Masur in October 1999.

I am also grateful to the Arts Council of Wales for a bursary which enabled me to complete this volume. As always, I would like to thank my dedicated team of translators who by the very nature of translation have engaged themselves fully in the work. Their ability to recreate these poems in another language allows me to push to the very limits what can be translated, allowing me to create a treasure hunt with willing explorers who often see more than the poet would sometimes like to admit to.

Any pyrotechnics of my own are fired by their brilliance.

CONTENTS

CUSAN DYN DALL

BLIND MAN'S KISS

Cyplau

Murddun yw byw. Ninnau, mynnwn ei drwsio
at ddiddosrwydd. Gyda'n dwylo ei saernïo

at frig adeilad. Nes clymu o dano nenbren
a wylia holl fynd a dod ein byw heb wybren.

Dau rwymyn cam. Naddwyd hwy yn gyfan
yn gyffion cytûn. Yn drawstiau llyfn a llydan.

Cyfarfod dau. Dyna'r grefft a fagwn wrth amgau
dros ffrâm ddau gnawd. Gan asio'r llyfnus gyplau

sydd weithiau'n enfysu'n un. Ar ogwydd, uwch yr oerfyd
geubrennnau'n chwiffio serch. Yna'n stond am ennyd.

A'r to mor elwig ar dro yn gwichian cariad
wrth ddwrdio'r gwyfyn draw. I aros tro ei gennad.

Couplings

Life is a house in ruins. And we mean to fix it up
and make it snug. With our hands we knock it into shape

to the very top. Till beneath this we fasten a roofbeam
that will watch the coming and going of our skyless life,

two crooked segments.They are fitted together,
timbers in concord. Smooth beams, and wide.

Two in touch. That's the craft we nurture in folding
doubled flesh on a frame. Conjoining the smooth couplings

that sometimes arch into one. Aslant above a cold world,
hollow wood wafting passion. Then stock still for a time.

And how clear-cut the roof, creaking love at times,
as it chides the worm to keep off and await its turn.

[JC]

Clorian Cariad

Roedd y lloer mor ddi-hid
wrth i'r nos geisio'i hymlid.
Yna, taflodd y dudew ei bwysau
at gryno, ddynol ronynnau.
A'u codi, llond dwrn o lwch;
dowcio bys wrth flasu eu düwch;
sugno'n drwch ar hirwyll dafol.
Gwasgu'n ofnus at ei gilydd – waddol
sy'n groenus am gynhesrwydd. Ac yno
nid oedd dal y nos yn ôl, rhag pwyso eto.

Pwyso a mesur, mesur a phwyso,
rhyddhau, lleihau, disgyn a dwyso.
Onid dyma ffordd yr hen glorian ddur?
Hafalau, meidrolion, yn gariad neu'n gur;
eu huno, owns wrth owns, a'r cnawd yn dadmer
ar ddysgl uwch cadwyn y sêr gordyner.

Mesur a phwyso. Nid oes dal y nos yn ôl.
Rhy ysgafn yw'r greddfol i ymwrthod â'u didol.
Daw'r caddug amdanom. Aelodau'n simsanu;
cîlos yn crynhoi – nes i'r wawr ein gwahanu.

Love's Scales

The night's pursuit of her
was nothing to the moon,
then his dark highness
flung down all his weight in a heap,
human granules,
and, lifting up a fistful of dust,
dunked a finger in to taste their blackness,
sucked of them along the dark's scales,
pressed them fearfully together, a dowry
craving warmth – and there was
no resisting night's impulsion,

the weighing and the measuring,
the releasing, decreasing, lowering, considering –
the steel scale's ancient way
of diversifying mortals, as it hurls them together
in love or in pain, gram upon gram, their flesh dissolving
on a dish above the stars' too tender chains.

The weighing, the measuring, there's no holding back the night,
our instincts too frail to deny its sortings;
the dark enfolds us, limbs quake,
the kilos huddle tight until dawn divides.

[NJ]

Y Galon Goch

(ar ol gwylio rhaglen am ryw)

'Sdim byd yn lluniaidd mewn calon,
yn ei hanfod aelod llipa yw,
ac er taeru adnabod calonnau o aur –
efydd sy'n boblogaidd.
Ond fe wn i am un, o leiaf
sy'n gwisgo ei chalon yn ddiymochel
gochlyd ar ei llawes.

Rhaglen am ryw ydoedd i'r rheiny
sydd yn methu â chysgu, ac yn gorwedd
gyda neb mwy difyr na'r teledu.
Trafod problem un wraig a wnaed
a dymuniad ei gŵr iddi wisgo
ei chalon ar ei llawes, mewn lle
a fu unwaith yn guddfan. Ei llifo
a'i heillio'n ffaith o berffeithrwydd.

Rhinweddwyd y gŵr gan y rheiny
oedd yno'n seicolegwyr gwâdd
am ei ddull o'i diwyllio;
arddangos eitem mewn cylchgrawn
yn un dengar i'w dynwared.
A meddent, 'Mynegodd ei ddyhead –
jest ewch amdano.'

Pawb i'w ffws a'i ffwdan meddwn inne.
Ac eto, ddyddiau wedyn, mae'r colyn
ar ffurf calon yn dal i'm brifo.
Nid meddwl am yr eillio
na'r lliwo plwyn sy'n fy neffro
ond y syniad fod rhyw bryf
am droi eich *camfflabats*
yn ddelw hy o galon sy'n curo;
ei chochni'n gyrchfan mor agored
– lle gynt y bu'n erw breifat.

The Red Heart
(after watching the Sex Guide Late)

There's nothing lovely about a heart
– in essence it's a limp enough organ
and though we say that hearts are made of gold,
brass is more common.
But I know of one woman, at least
who wears her heart – a flaunting scarlet –
firmly on her sleeve.

On a late night sex guide for insomniacs –
people who don't sleep
with anything more exciting than the tube –
they were treating this woman's problem.
He wanted her to wear her heart on her sleeve,
in a spot once secret, to dye it
and shave it to perfection.

The psychologists praised him.
He had, they said
cultivated her sensibilities
– shown her a photo in a magazine,
encouraged her to do the same.
'He's told you what he wants, they said,
'– so just go for it!'

Each to his own, said I.
And yet, days later, that heart-shaped
sting in the tale still hurts me.
It's not the thought of shaving or dyeing
the flossy dark which keeps me awake.
No, it's the idea that some worm
might want to turn your *camfflabats*
into the bold image of a beating heart,
its redness an open resort
instead of the enclave it once was.

Wel, gwisged y wraig ei mynwes
yn solet ar ei llawes
os myn – ond na thrawsblanner
o'i churiad, bob cyffrad.

Byddai'n drueni o beth –
pe câi drawiad.

Let her go ahead and wear her heart,
a red one, on her sleeve,
if she likes, but she'd better beware: that beat
could make it leap into her breast

and she wouldn't want to die of a stroke.

[EAH]

Dannedd yr Haul

Credais unwaith nad oedd modd cael bwyta
o ffrwyth y pren heb deimlo ôl ei flys,
a'r anwes a'ch dal mewn llaw cyn difa
sugn gusanau heb fod arnoch raid na brys.
A ddoe ddiwetha, dywedaist fod i'r ffrwyth
– ryw alwad am ei oeri, mewn du-gell:
bod ffest mor frwd yn mynnu croeni llwyth
i'w noethlymuno lawr i'r bywyn pell.

Mae deddf a ddwed na ellir rhannu'n llaes
mewn baddon ddofn heb weflau'n llosgi'r cnawd.
Bod i'w gynhaeaf heulwen mâl ar faes
a sofla fesul aelod ei rhin a'i rhawd.
Ynot, mae perllan orennau. Ac o'i sudd
caf biser beunydd. Diod angerdd cudd.

Teeth of the Sun

I once believed it impossible to eat
of the fruit of the tree without knowing its fire,
the caress it leaves on your hand before you taste,
its love-bites, its unhurried desire.
Only yesterday you said the fruit at best
wanted a moment cooling in the dark
cell of the ice box – such lusciousness suggests
nakedness skinned to the very heart.

There's a Californian law that forbids us keeping
oranges in a bath. Might our mouths scald
on skin, as a meadow under the harvest of milled
sunlight, that fallen trail of last gleanings?
In you, an orange grove, and from your fruit
for me each day, a pitcher of secret love-juice.

[GC]

Sefyll

(mewn arosfan ysbyty)

Ar grib ein byw a'n bod
daw corlan i'n mynd a'n dyfod –
hyn yw'r nod sy'n hynod.

Ac onid amser hir
yw stori 'achau' yma?
A'r aflwydd chwim a frysia.

Geiriau pell ac agos:
aros is na'r nen a wna mynydd
ond *disgwyl* wneir i'r drws agoryd

a *sefyll* wnawn, er eistedd:
hyn yw helynt y meidrol,
pob eiliad – yn dragwyddol.

Standing By
(in a doctor's surgery)

On the ridge of this life we live
we're penned in for our coming and going –
it's the brand that singles us out.

And isn't this tale of waiting 'for ages'
ancient history here?
But illness goes hurrying on.

Words distant and close to each other:
a mountain abides – beneath the sky,
you wait – for a door to open,

and we stand by – though we're sitting.
That's how it goes with mortality,
every moment, an eternity.

[JC]

Ffynnon
(chwedl cariad)

Ffynnon yw hon sy'n hanu
ynof. Cuddia'n ddistaw bach,
ei dyfroedd sy'n dywyll-lân.
Goroesodd yr eirth a'r ia,
oesoedd y blaidd a melltith.

Cadw'n dirion a wna, dan ddaear –
nes i ryw ddewinydd mwyn ddod heibio –
collen yn ei law, honno'n cellwair
y defnynnau crwn o'i gwreiddiau.

'Daear wyf,' meddai'r weryd.
'Daw'r tymhorau i ddawnsio trwof i.'
'Dŵr ydwyf,' atebais innau,
'ynghudd mewn celloedd a chilfachau.'

'Cyfod,' meddai, 'ac fe awn gan uno
gnawd fy naear. Ti a'i cei yn gnwd.'
'Wele fi', atebais, 'caiff rhydweli dy dir
fy nheimlo'n llifo'n ddirgel o anwel
heb unwaith gyrraedd pen-y-daith.'

Rhyngom, gallwn greu Gwerddon:
sef yw cariad, ffindir a ffynnon.

Creation

(a love-legend)

This well springs from myself;
it hide-and-seeks, its water dark yet clear,
outlasting the Ice Age, the ages
of wolves and bears and curses.

It saves its sweetness, underground
until a gentle sorcerer should pass by,
a hazel-rod in his hand, to tickle
the fat, round drops from its roots.

'I am earth,' said solid ground,
'and seasons shall dance through me';
'I am water,' I replied,
'hidden in crannies and clefts.'

'Rise up,' he said, and join
my flesh of soil. It will be your crop.'
'I am yours,' I answered, 'your veins of earth
will feel me flowing, secret, invisible,
never arriving at journey's end.'

And we will create an Otherworld,
Love: a place where land meets water.

[EAH]

Dim ond Camedd

(wrth ddarllen am y diwydiant dillad isaf)

1

Mor ardderchog yw gwisg ordderch
ein dychymyg. Tryloywa'n llaes, sideru
gwrthbanau trwm ar bostyn y gwely.

Ac ar ôl dìor yr atgof digri
am staes mam-gu yn gwrido nôl
arnaf, asennau crog fel lladd-dy dynol,

daw genethod sidanaidd i'r meddwl:
sleifio ar gynfas, dyfrliwio'r co'
heb na ffrâm na bach a llygad i'w pwyo

na chrysbais cras i'w bling-wasgu;
dim weiren fagl i'w dyrchafu
ar fryniau sydd o hyd i'w gorseddu.

A'r fron sydd goron euraid a ddena
organsa yn un ffluwch o gamedd,
camisôl gwanolew ei serenedd.

Gwisgoedd sy'n llawn tawelwch
yw y rhain, a'u rhubanau simsan
yn rhyddhau 'bur hoff bau'r' hunan

gan droi gwlad yn gyfannedd anial.
A'r ferch yn rhydd o'i gwasgedd
yn ddalen lân rhwng dwylo'i delwedd.

2

Ond yn y golau noeth, peirianneg yw.
Purfa'r gwŷr fforensig sy'n cynllunio
o'r newydd y ffordd o gael bron gryno

i'w gwely. 'Rhyw weithio pwll yw,' medd un –
'a thri deg nodau sydd i'w ddeall'
er creu y llonyddwch sad arall.

24

Nothing but Curves

(having read about the underwear industry)

1

How wonderful the courtesan clothes
of our imagination. Diaphanous, flowing, they droop
over heavy counterpanes at the foot of the bed.

Having unlaced the memory
of grandmother's corsets blushing at me
– hanging ribs, like a human abattoir –

silky girls come to mind:
sliding in on memory's watercoloured canvas
– frameless, without hook or eye to hold them,

or a flannel hairshirt to flay and squeeze them,
no underwire to uplift them
to yet-unfettered heights.

The breast is the golden globe, whispering suggestions
to ruffled organza drifts,
serenely lanolined liberty bodices.

These things are full of calm,
their frail ribbons liberate
the motherland of the self,

making country a homeland all to herself:
where a woman is free of her pressure;
her self a blank sheet between her own hands.

2

– but by fluorescent light – this is hydraulics,
refined by forensic scientists, cantilevering
their brand-new way of getting

the rounded breast into bed. This is a lode to be mined:
thirty sections origami together
to create the other, the perfect orb.

Sbïwch a gwelwch nad heb gynllwyn
y mae sêr y sgrîn fawr yn brolio'u cwrel –
wrth lanio bronnau at eu genau del

a'r hen gorff yn hwb i bobl y glannau
wrth ddathlu llanw a bwîau ar fae.
Na, nid oes lle yn yr oes hon i soddi'n strae.

3

'Nothing but curves,' medd llef hys-bys.
Ond yn droednoeth, cerddaf i'r oesoedd tywyll
lle roedd gwragedd swil mewn twyll-

olau, yn agor bach a chlasbyn;
cyn plannu'r anwel mewn drôr fel had –
matryd eu cnu tyner dan lygad

cannwyll. Yna, dringo matras – corlan
a'r bwlch yn cau. Uwch pwll heb waelod –
cyn cysgu ar ei bronnau ac estyn adnod.

Rhoi'r gair a'r cnawd mewn cadw-mi-gei:
sarcoffagus yw'r nos heb iddo yr un gwall
– dim hyd yn oed eillio bras – cusan dyn dall.

Look. And you'll see that the stars of the screen
lie when they say they have hidden secrets:
their breasts push their facelifts up to their chins

and the body politic spurs on the scuba divers
as they bounce the buoys down in the bay.
There's no future these days in swimming alone.

3

'Nothing but curves' crows the ad –
but I return, barefoot, to the dark ages
to peer at a woman who stands in half-darkness

opening a hook and eye,
placing them in a drawer where they won't be disturbed
before slipping out of her soft fleece

by the candle's eye. Climbing the mattress
she slips into her fold, closing
with a 'good night' the gap
between herself and the bottomless pit
by sleeping on her front with scripture in mind,

putting tongue and flesh safe by for a while.

The night is a sinless sarcophagus –
rasping, hard like a blind man's kiss.

[EAH]

Y Goeden Grinolïn

Dadwreiddio yw hanes rhyfeloedd.
Bechgyn bochgoch ar aelwydydd
gloyw, yn heidio i dir estron.

Ac ymysg yr holl ddadwreiddio,
anghofiwn am y sigo syml
ar golfenni'r plwy. Tocio clust,

un plwc ar aelod, a dyna'i ddiwedd
neu ei ddechreuad. A'r brigyn
amddifad yn ysbail yn llaw'r hawliwr.

Un prynhawn o Fai, ces fy nhywys
i waelod gardd fy modryb, ac wele
nid wylo coeden oedd yno. Un yn piffian

chwerthin, â'i chorun tua'r awyr;
cig ei dannedd yn weflog tua'r gwynt,
yn binc crinolïn, ei bysedd yn binwydd
mor feddal â hirflew ci'n heneiddio.

'Y gwŷr ddaeth â hi nôl o'r rhyfel.'
meddai, 'ac fe gydiodd yn berffaith.'
O'r diffaith, un goeden rhwng dwy wlad

yn croesffrwythlonni. Fel petai'n symbol
fod gwreiddio dyn wrth ddynwared
bysedd y Garddwr yn ddyfnach ei bridd,
rywsut, na'r glas mewn dilead.

The Crinoline Tree

Uprooting is at the heart of war:
rose-cheeked lads from cheery hearths
herded off to foreign lands.

And in all the uprooting, the buds
nipped, we seem to forget the sheer
convulsion of the parish's tree.

One member plucked and that's its end,
or its beginning, the twig cast adrift
as spoil in the despoiler's hand.

One May afternoon, my aunt led me
to the bottom of her garden, there to behold
a tree not weeping so much as chuckling,

her laughter sailing from crown to sky,
the meat of her teeth wide to the wind,
crinoline pink, her pine-green fingers
as soft as the hairs of an ageing dog.

'The men brought her back from the war,'
she said, 'like a dream, out of all that waste,
she took two countries, one tree.'

Cross-fertilisation: earthly echo
of the Gardener's touch, symbolic in kind
of man's enrootings making somehow for deeper soil
than blue, cold, destructive steel.

[NJ]

Lladron Nos Dychymyg

(ar gychwyn salwch henaint)

Fe gred y daw dynion trwy'r drain
heb sôn am drwy'r gwrych. Ym mherfedd nos
y digwydd, yn feunosol wrth iddi godi
i'r landin a'u gweld yn dwgyd ei 'phocer coch'.
Ond'dyw eu bysedd blewog byth ar dân.
Dro arall, dônt yn dorf i dorri tafell
o'i phorfa a'i impio'n dwt yn eu lawntiau
yn laswellt di-grych. A byddant o bryd i'w gilydd
yn gweithio twll yn y clawdd cyn camu
a stablad ar ei borderi – yr hen flodau bresych piws.

Dim ond yn gellweirus y mae modd i ni holi
ai corrach ydoedd neu a laniodd
y gwŷr bach gwyrdd o'r gofod yng Nghefn Sidan
cyn cerdded i diroedd brasach? Heb wên
aiff allan, a'n tywys yn dalog i weld eu holion.
Ofer yw arwain ei meddwl yn ôl i dderbyn
mai lôn henaint sy'n ellylla'n droellog.

Beth sydd i'w wneud felly? Dim oll,
rhoi clust at ddawn y cyfarwydd yn diddanu
a rhannu eu straeon byw llawn dychymyg ac arswyd.

Gan wybod tu ôl i'r gwrych, a'r rhych yn rhywle
– llechleidr go-iawn Amser sy'n aros ei gyfle.

Night Thieves

(on the onset of dementia)

They come, she believes, through the prickly bushes,
the thorny hedge. In the bowels of night
– nightly they come, she watches from her landing
as they steal away her red-hot pokers,
though their hairy fingers never catch fire.
Or they'll swoop as one and swipe a slice of turf
to be grafted neatly, as prime greensward,
on their creaseless lawns. Sometimes they'll work
a hole in the hedge and hoof about her borders
so stuffed with those purple cabbagey things.

The best we can do is humour her, asking
was it a dwarf, or a detachment perhaps
of small green men casing the Cefn Sidan
en route to richer pickings? Not a smile –
then out she leads us to inspect their footprints.
There's no guiding her back to accept
that the path of old age is fiendishly mazed.

What's to be done then? Not a thing, save
lend an ear to the storyteller's distracting tales
of doom and fancy, knowing full well
that behind the hedge, in the bed somewhere,
the snatcher-in-chief is biding his time.

[NJ]

Crwydro

Pam y byddaf fel un yn crwydro
wrth ymyl praidd dy gyfeillion?
CANIAD SOLOMON, 1.7

Chwarddem pan oedd rhyw fodryb
yn cofio na thestun pregeth
na'i neges. Ac er ein hannog –
ni fedrai adrodd nac adnod
na geiriau yr un gweinidog.

Chwarddem yn gytûn fel teulu
er deall yn iawn ei hogof dywyll:
cans gwyddwn nad wrth nodau'r organ
na chwaith yn hel clecs y casgliad
yr oedd ei hoedfa, na'i chorlan.

Eithr ar grwydr, awn fesul un ac un
fel aderyn o nyth, dyn o'i gynefin.
Ac nid mewn man y mae ein camre
ond o fynydd i fryn, crwyn defaid a geifr,
oedwn oll ar flewyn glas ein meddyliau.

Y pethau rhy hy i'w hyngan sy'n hongian
yn y seibiau – ffwrno a iasu dyddiau.
O fel y treiddiant fel dŵr dan ddrysau segur
neu arllwys tafell o olau i'r nenfwd.
A phell yw'r llais sy'n arwain mawl o'r cysegr.

Eithr sofl ein defosiwn, byddwn wedi ei gerdded
wrth grwydro ynom ni ein hunain, yn fân, yn fwynaidd;
yn ystod awr pan yw'n hawl ar dangnefedd
wrth gasglu ynghyd ein pitw gyfrinion;
gallwn adael eto'r Sul hwn ar ein sedd – a'n sylwedd.

'Sêl, wrth ymyl praidd ein cyfeillion.'

Wandering

For why should I be as one who turneth aside
by the flocks of thy companions?
SONG OF SOLOMON, 1.7

We would laugh at some old aunt
who couldn't remember a word
of the sermon. Not a verse
could she say, though we nudged her,
not a line of the service.

It was family laughter, for we knew
all too well that black pit.
Not out of the notes the organ played,
nor the clecking collection box
were her sheep-fold or matins made.

Off we'd go, one by one,
a bird from its nest, a beast from its place,
off nowhere particular, we'd wind
along mountain tracks in goat-hair and fleece,
over the blue-feather grass of the mind.

Things too bold to speak hung
in the silences, blazing the day.
How like water they seeped, finding their ways
under doors, or sluiced in slices of light from above.
How distant that voice, leading the people in praise.

Wandering softly inside ourselves
we trod down the stubble of our prayers
in that very hour when peace has a right to be,
gathering our petty secrets, knowing we'd leave
in the Sunday pew our essence, our piety,

'Zeal', by the flocks of thy companions?

[GC]

33

Preiddiau'r Cymry

*...Welsh farmers, normally engaged [like Milton's] with
their loves or else their sheep [sometimes the same beings]
start to barricade ports and behave like the French...*
A.N. WILSON, 'How Not To Win Friends',
Daily Telegraph, 28 December 1997

Am ddwy fil o flynyddoedd
fe fu'r defaid ar y mynyddoedd
yn ddu eu crwyn.

Ar y llethrau, gwelid gwragedd
yn crwydro a gwlana
mor wyn eu crwyn.

Ond rhwng düwch y defaid
a gwynder y gwragedd
– toddwyd yn unlliw yn y niwl.

A heddiw, mae'r defaid du
a'u nod hynod yn cael eu nabod
fel Cymry – defaid mewn gwisg gwŷr a gwragedd.

Sheep, People and Wales

...Welsh farmers, normally engaged [like Milton's] with
their loves or else their sheep [sometimes the same beings]
start to barricade ports and behave like the French...
A.N. WILSON, 'How Not To Win Friends',
Daily Telegraph, 28 December 1997

For two thousand years
the sheep on the mountains
were black of skin.

And the wool-gathering women
who wandered the slopes
were white of kin.

But the blackness of the sheep
and the whiteness of the women
got mixed up in the mist.

And today, the black sheep
of branded fame has come to be known

as Welsh –
a black sheep in human clothing.

[NJ]

Bloeddier i Bobloedd y Byd

A sylwoch mor ddiamser
yw dyn wrth ddod at iaith newydd?
Bydd, fe fydd yn baglu dros gytseiniaid,
yn gohirio llafariaid,
yn gwisgo holl arfogaeth ei ddyhead
am fuddugoliaeth dros fynegiant.
A bydd, fe fydd ei dafod
fel baban bach ar ei ben ôl.

Felly, bydded i bob un o genhedloedd byd
ddysgu iaith esgymun ei gymydog.
Ie, cropian a chwrian mewn corneli,
colli cwsg wrth ei thrwsglo;
cans fel hyn y daw dileu yr amserau.
Ni ddaw'r gorffennol yn rhwydd ar dafod.
Erys iaith heddiw. Bydd yn ddeiseb hedd –
gan dynnu i lawr yr holl ferfau pigog;
ni fydd yr amherffaith mor berffaith
a phan nad yw.

A bydd agen, hollt a rhwyg
yn cael eu cyfannu'n y geg agored.
Pob newydd ddysgwr â chof
am gyweirio cystrawennau
cyfod o'i wely, unioni llef.

Ni fydd amser i ledu llid,
cans bydd llwythau wedi eu llethu
â chyfoeth yr holl gerrig arloesi.

A thrwy'r babanod yn Babel bydd iau
wedi ei chodi a'r Uniaith yn iachâu
wrth ymryddhau, rhyddhau wrth hau.

Let the World's Peoples Shout

Have you noticed how time-free a person is
when approaching a new language?
Yes, you stumble over consonants,
postpone vowels,
encumbered with all the armour of your longing
for the conquest of expresssion.
And yes, your tongue is like
a baby bumping along on its bottom.

Well then, let each of the world's peoples learn
the excommunicated language of its neighbour,
yes, creep and crouch in corners,
lose sleep in messing it up,
since this is how tenses will be deleted.
The past will not come fluently on the tongue.
The language of today will stay. It will sue for peace,
pull down all the barbed-wire verbs.
The imperfect will never be so perfect
as when it ceases to exist.

And cleft, split, and rupture will be
made whole in the open mouth.
Each new learner will have the memory
of correcting constructions,
picking up one's bed, rectifying speech.

There will be no time for spreading hatred,
since the tribes will be overcome
by the riches of all the founding stones –

And through the babies in Babel
a yoke will be raised, a United Languages heal
in freeing oneself, freeing in sowing the seed.

[JC]

37

Papurau Reis

(i'm cyfieithydd Trinh yn Hanoi)

Gallaf ei gweld yn gwledda.
Hynny, neu'n dantbigo'n ddiolchgar

ar damaid pren, efallai'n datgan
â'i cheg, led y pen. 'Dyma'r lle gorau

yn y fan a'r fan yn Fietnam.'
A chofiaf amdanaf yn ddiniwed ofyn

'Sawl tro y buoch yma'n bwyta?'
Yr un ateb fyddai ganddi, 'Dyma'r tro cynta,'

wrth iddi estyn am fwndel tila'r *dong*.
Hi oedd fy ngwestai. Hi fy nhafod.

Hi yn ganghellor, hefyd fy morwyn.
'Mae'n rhy ddrud i mi fynd i fwytai

heblaw gyda *foreigner* yn talu.'
Ac uwch yr *hoisin* a'r sinsir a'r *Cha Gio*

a holl sawrau'r ddaear ar ei min yn llifo –
câi ambell bwl o chwerthin afiach.

'You, foreigners, so funny!'
A gyda fy nhafod yn fy moch

diolchais iddi, wrth ei gwylio
yn myned ati gyda nerth deg ewin

i glirio'r dysglau nes eu bod eto'n ddisglair,
fy mod yn medru ei chadw mewn bwytai

a oedd gymesur â safon ei maethlonder.
A dyna pryd yr adroddodd wrthyf

am y rhyfel, yr un filain ac amdanynt
yn methu â chael reis yn bryd beunyddiol,

Rice Papers

(for Trinh, my interpreter in Vietnam)

I can see her now, gorging herself,
or gratefully picking at her teeth

with a splint, her mouth perhaps wide
with declaration, 'This is the best place

of its kind in the whole of Vietnam.'
And I'd ask in all innocence,

'How many times have you eaten here before?'
And always she'd say, 'This is the first,'

as she reached for a flaccid wad of dong.
She was my host, my voice,

my chancellor, my maid.
'Too expensive to eat in places like this

except with a foreigner paying.'
Then, through ginger, hoisin and Cha Gio,

all the flavours of the world on her dripping lips,
she'd loose a knotted, sickly laugh:

'You foreigners, so funny.'
And with tongue in cheek

I'd thank her kindly, as at it she went
with talons ten,

till not a smear bedimmed each gleaming bowl:
that I could keep her in restaurants

was as nourishing as any menu's boon.
And that's when she served up for me

the vicious war and how it robbed them
of their daily rice:

dim ond baguettes, a 'r rheiny'n esgyrn sychion.
Hwythau yn llwgu am berlysiau, eu moethion.

Weddill y daith gyda'i newyn yn fy nghof
– fe wleddais ar ei gweld yn glythu drosof.

bread was their lot, as they starved
for their luxurious herbs – bone-dry baguettes.

The rest of the trip, with that hunger in mind,
I dined on the sight of her feasting for me.

[NJ]

Lladd Amser gydag Angau

(Amgueddfa Mütter, Philadelphia lle cedwir offer
a ddefnyddiwyd gan hunanleiddiaid.)

'Peth preifat yw marw', meddai'r meidrol un, a'i anadl
heb ddadl wrth weld dyddiad a hirnod digwyddiad.
Cans i rai, nid diwedd eu gyrfa ond dechreuad
yw angau, fel y gwelir o'r newydd megis mewn dameg.

Po fwyaf dwys y distawodd, mwyaf yr awn yn chwilfrwd
at amrwd offer rhwyddino ei dranc a'i drengi;
yn drywanu, yn dagu, yn fygu neu'n losgi:
diwaharddiad yw'n cerddediad at yr ing-wahoddiad.

O weddi cynteddau cenlwyn at farmor di-enaid,
at danbaid ddychmygus dorf fu'n amgloi eu bywydau.
Bellach, heb allwedd, o ddrôr i ddrôr, hwy a ddyry
holl waelodion hanesion, annirgel, ysgeler.

Mae marw'n anfarwol. Ni wnelir eu hewyllys
i fynediad anhysbys, yn ddi-enw dônt, enwogion
a'u holion a erys, yn garreg fain neu'n nodwydd –
hyd at aria'r darfodedig, sy'n cyrraedd iselfannau

yn hyglyw bersain. Yma, sbectol opera a fu mor gyfan
sy'n gyflafan ymysgaroedd, celloedd yn feloddrama
wrth dduo i derfyn. Diau, caed corws a'u lleisiau'n crynu
nodau tynnu' r llen, wrth yddfu ei ymadawiad.

Na, nid oes ymguddfan i angau pan dry creadur
yn awdur difa celfyddyd ei chnawd; o'r dim fe erys
yn amgueddfa'r cofiannau, yn bethau rhad a berthyn
i gyhoedd a dreulia oes yn holi am groes. A oroesodd?

Un peth y gwn, camera obscura yw einioes adyn,
eiliad o lygedyn, anamorffig mewn stafell dywyll
yn crefu am ddirgelwch. Onid delweddau'n ystlenni
o'r drychau â drwom. Oer onglau rhwng pelydrau?

Killing Time with Death

*(in the Mütter Museum, Philadelphia, where there is a
collection of instruments used to commit suicide, including
an opera glass lens which had been swallowed)*

'Death's a private matter,' says the mortal one, breath
unbothered by sightings of date or event horizon;
for death, to some, is less nemesis than genesis,
a seeing, as if in parable, anew.

The wretcheder the ruin the more we're avid
for the crude helpmeets that were death's assistants,
stabbing, electrocuting, suffocating, strangling –
no holds barred on this stroll directed by death's finger.

From lichen-grey the lobby's prayer, to soulless marble,
to the hot-headed imaginary crowd who locked up lives,
lives now keyless; from drawer to shallow drawer,
fathomless with saga, grotesqueries unsecret,

death is deathless, their wills left undone:
those without name enter here upon fame,
their wakes endure, shard-scribed or needle-sung,
arias of the fugitive, plumbing the depths

yet sweetly plain. Here, what's left of an opera glass
wreaked havoc in the bowels: his cells' melodrama
meant curtains for him, a chorus, no doubt of trilling voices
fading out with the lights as they tolled his demise.

There's no hiding place for death when a being turns
decomposer of the art of his flesh: all that remains
in the museum of bios is cheap kitsch, the stuff of a public
locked all their lives – is there survival? – in search of a cross.

One thing's for sure, our foolish lives are a camera obscura,
a shape-shifting, momentary blink in a room dark
with mystery's yearning. Aren't we images born
of the mirrors that mine us, cold angles caught between rays?

[NJ]

43

Troedlath Serch

'Chei di ddim cerdded drosta' i,' meddit.
Eto, gwn heb ateb, y cerddwn oll ar draws
y byd, ddwywaith a hanner yn ystod einioes.

Pa erw ohonot na deimlodd ôl fy nhroed?
O'r gorau, camu ar letraws, gwadnu sawl mil
dy nerfau a wnes. F'anwylyd, onid cibyn ŵy

Yw'n cread o gnawd? Palfau'n amgau'r palis?
A sawl taith ddirgel a fentrais i'r dde a'r aswy?
Plygor ac estynor; atblygon yw'r cerrig prawf.

A'n cyhyrau yw curiadau cariad. Ar daith,
ie'n droednoeth weithiau ar randiroedd cul.
Llestri gwaed yn siglo wrth ddod at groesffordd.

Pa un â'i sang sydd heb glwyfo'n ddwfn ar lôn?
Sefyll yn fy unfan a wnaf yn ofni neidio i'r nos.
Ofni caenen yng nghof pob eira llynedd.

Ac mor brin wyf o ddaearyddiaeth dy ddynolrwydd.
Wrth roi bys a bawd amdanat, gwn mor ddigwmpawd
yw'r galon. Gwlad anial i'w threfedigaethu ydyw.

A deallaf mai di-ongl yw meidroldeb:
yn begwn gogledd a de, myfi yw'r newyddian
sy'n croesi 'r ynys i'th ddwyrain. Yna'n araf, araf gropian.

Love's Treadle

'I'll not let you walk all over me,' you said.
Yet I know without responding that each in a life
walks two-and-a-half times around the globe.

What acre of you has not fallen beneath my foot?
Sure, I moved crab-wise, ground beneath my sole
a thousand of your nerves. Is our universe of flesh

But an eggshell, my love, our palms enveloping thin divides?
On mystery tours left and right I ventured,
sounding out nerve-endings, reflexes, joints,

our muscles the very pulse of love. Roving, yes,
and yes, sometimes naked of foot on narrow landstrips,
blood-vessels quaking at every crossroad.

Whose tread that leaves no wound in its wake?
I stand where I stand, fearing leaps in the night,
fearing every slab of yesteryear's snow.

Of your human geography I am bereft,
knowing, as I touch finger to thumb, how compassless
the heart, what a wilderness it is to tame.

And how angle-free, well I know it, is mortality.
here's me, the novice, divided north and south,
crossing the island to your east, then slowly, slowly crawling.

[NJ]

Cu Chi

(Fietnam)

'Cwtsha,' meddai'r dyn camera
yn gwta. 'Cyfri i ddeg, yna sleifia
i fyny i fyw llygad y lens – a gwena.'

A doedd neb arall yno,
yn y twnel, yn dalm cryno,
dim ond ymlusgiaid a phryfed

ar led. Y di-sôn lwyth ar anel
a'u hadenydd ar estyll
yn gorgyffwrdd â chneifion

rhyw gilion yn hygaru'r ogof.
Clo dadl oedd clywed seiniau
main, mewn pwll o lygredigaeth.

Clap pridd yn gymysg â chlwy' pry
yng ngholuddion bodolaeth;
ceudod a chafnau mewn digonedd.

Pa eisiau'r dihenydd ymhlith
osgo mor afrosgo â'r rheiny?
Eu llygaid yn rhythu tywyllwch.

Wedi'r cwmanu, dyfod
i olau cariadus, i'w wyddfod,
a deall fel y blingwyd ing

yn gynt na'r Fietcong unwaith,
gan fachigion mwy distaw
yno'n cwtsho yn Cu Chi.

Cu Chi

(Vietnam)

'*Cwtsh* down,' said the camera man
breezily, 'count to ten, then slide back up
eye to eye with the lens, and smile.'

And there was no one else
trying to shrink into that poky tunnel,
nothing but – everywhere – slitherers

and scuttlers, the cocked coterie
with their planky wings
rubbing against the feculence

of other cave-adoring flies,
debate stalled by thin screechings
in a slough of corruption,

mud pats rank with bug disease
in the bowels of being,
hole upon visceral hole.

What need of an executioner
among mini-monsters like those,
their eyes discharging desolation?

To come then, from crouching, forth
into the presence of beloved light,
and to understand how terror was flayed,

quicker than by any Vietcong,
by these taciturn mites
cwtshing down in Cu Chi.

[NJ]

Mai

Duw gwyddiad mai da y gweddai
dechreuad mwyn dyfiad Mai
DAFYDD AP GWILYM

Molwn fis Mai, yn nhraed fy sanau,
moesymgrymu ger ei fron, â chân;
yn 'stafell ffrynt rhyw widw o wniades,
papur sidan yn troelli'n ffrogiau llaes:
o'r gesail hyd at ddistyll y fron
daliwn fy anadl, rhag brath
y pinnau 'n bachu fy mhechod.
Pwyth fesul pwyth, plwc yn troi'n dwc –
un twc a thac oedd fy nhegwch.

Rhyw ladi croesawu'r haf oeddwn i,
yn ffoli ar goesau heb ffiloreg,
penliniau fflwsh, yn y golwg,
cotwm a gingam yn llawenhau
wrth ryddhau ambell wên o bais;
broderie anglais
gan esgus torsythu'n osgeiddig
ymysg ysbrydion o wisgoedd,
di-blet yn eu patrymau perffaith.

Erys ingoedd gwisgoedd. A'n gwasgaru:
treialon o ddefnyddiau fel y rhedant
yn benrhydd o'r bawd, yn edau strae
nes eu hachub drachefn, yr eilwaith;
pwythau o gynlluniau i gorlan,
a'u diwyg, yn cadw'r bryndir
rhag llithro dros y dibyn.

Ac o erw lonydd y 'stafell ffitio,
aeth geneth a fu'n dryloyw
yn haenau o batrymau.

'O dan esgyll dail mentyll Mai',
y wisg weithiau a blisgai
yn blith draphlith yn y goedwig
– yn anterth ambell 'Cymer haf'.

May

God knew it would be seemly
sweet beginning to burgeoning May.
DAFYDD AP GWILYM

Let me praise May in stockinged feet,
bow before her with a psalm.
In the front room a widowed seamstress
would turn silk-paper into dresses.
From the tideline of underarm to breast,
my breath held in case of a pinch,
were the hidden, innocent pins.
Stitch by stitch, tack by tack,
tucks to make me beautiful.

And me, the flibbertigibbet,
foolery above bare legs,
rosy knees in full view
in joyous cotton gingham,
a glance of petticoat,
broderie anglais
showing off larger than life
among the phantom dresses,
unpleated from their perfect patterns.

The pain of clothes. How they pinch.
The trial of cloth, how it slips,
how a thread unravels
to be saved and used again;
the pattern pinned to a fold,
fabric to hold hills
from slipping over the edge.

From the quiet acre of a fitting-room
a girl goes transparent
in layers of patterns
'under the cloak of May leaves'.

But sometimes, under the foliage
the cloth unpeels, dishevelled
in the forest of some take-me summer.

Ac untro ar wely 'r pîn,
taerwn mai pinnau bychain
mewn asen oeddynt, yn cymell
imi ddal fy hunan, yn dynn
ym mharlys parod ei pharlwr
– pin rhwng ei gwefus

wrth i'w bysedd oer fy nal
rhag gwnïad rhy fregus –
rhag datod amdanaf –
rhag llawenhau gyda'r nwydau
sy'n ddinodwydd wrth gyfannu –
wrth ddiosg ymaith
rhywbeth amgenach na chnawd.

And once on a bed of pine needles
I'd swear the little pins
in my ribs were hers, a hint
to make me hold myself in check
paralysed in her parlour,
a pin between her lips
as her cold fingers kept me
from my frail matter
from my own undoing
from passionate celebration
that needles as we unite,
undressing
more than flesh.

[GC]

Porciwpein a Gronyn o Dywod

'Dw i eisie bod yn ynys,' meddwn.
'Ond wnei di byth greu teyrnas,' meddit.
Ninnau, Môr Tawel o'n blaenau
yn croesi traeth yn droednoeth.
Gwaeau'r byd yn fidogau llonydd
yn y lli'n gloywi.

A dyma frath ar groen!
Pwll ei dafell yn digio â mi;
a dyma thi, ar lin,
                                deufin ar led
yn sugno'r gwenwyn treisig
a'i boeri 'nol at rwyden ei lygad.

Oriau wedyn, nid oedd dim
ond gronynnau o dywod
yn crensian rhwng cig dy ddannedd.

Ac mewn llosgfan gudd ar y croen
aethom finfin i adrodd wth y don
am ddau anadl, yn genedl newydd.

A Porcupine and a Grain of Sand

'I want to be an island,' I said.
'But you'll never build a kingdom,' you said.
Barefoot, we crossed the beach
the Pacific in front of us:
the world's woes shone in its waves,
silenced blades.

Then something bit me!
Quintessence of spikiness picked a fight with me.
You fell to your knees, lips open,
sucking the foreign poison
spitting it back to its blind, milky eye.

Hours later, there was nothing
but grains of sand
crunching between your gums,

another itch on our skins.
Mouth to mouth we told the waves
of two breaths, a new nation.

[EAH]

Haf yr Hanner Nef

Bydd dyn â rhaca bob bore'n claddu, dros dro
feiau'r oesau a fu a'u rhoi oddi tano.
Benthycwyr newydd y traeth, ar grwydr.

Blith draphlith eu trugareddau
yng nghrygni'r llanw, ffiolau'n gwegian,
mor oesol â'r ysfa i godi cragen,

fel y gwnâi'r pererin ers talwm;
trysor rhad, er mor wag ydyw.
Awn adre â hi fel baban newydd-anedig

yn berl a ddaeth o fynwes dywyll
ag ynddi sawr rywsut o'r gwyrthiol
y tu hwnt i'r traeth sidan, gwylaidd.

A bydd atal dweud y don
yn dal ei hanadl i'n ffenestri o rew –
cyn arllwys ei bedydd i'r elfennau.

A bydd y traeth o'r newydd fel cewyn glân –
i'r tylwyth sy'n dal i gropian –
a'u bysedd yn awchu troi'r llwch yn aur mâl.

This Summer Was Nearly Heaven

Every morning a man with a rake
is burying yesterday's sins,
putting it all behind him
– the sands' wandering new tenants:

their things straggle everywhere
on the hoarse tide, bottles rock –
never-ending as the longing to pick up a shell

as the pilgrims did, long ago:
empty, yes, but a treasure, a gift.
We will take it home like a newly-born child,

a pearl from a dark breast:
somehow it has the lustre of miracle,
it shines from a place beyond
the silky, humble beach.

And the waves will stutter,
will catch their breath
faced with our windows of ice,
then pour their baptism to the four winds

and the beach will again be a linen cloth
for this tribe that's still learning to crawl;
their fingers itching to turn
silvery sand into powdered gold.

[EAH]

Rhwyg

There was a conversation in the camp about an SS man
who had slit open a prisoner's belly and filled it with sand.
JEAN AMÉRY

Ar Dduw 'roedd y bai
am roi i ni ddychymyg.
Felly, un dydd i ladd amser

dyma fwrw coelbren
fflach ar fflach a fi enillodd.
'Gwan dy gylla,' medde'r gweddill.

Ond dyma fwrw ati o ddifri;
codi plwc, a gyda thwca
mewn llaw, un agen oedd eisie.

A dyma'i berfedd yn llysnafu.
Môr Coch ohono'n drewi
a doedd dim amdani

ond rhofio gro mân i'w lenwi.
Banllefau o chwerthin erbyn hyn.
Wedodd e'r un gair. Cau llygaid

a rhyw fwmial gweddi.
Sbŵci wir. Sbïes i wedyn
rhag ofn i'w enaid lamu.

Heb gelwydd. 'Sdim c'wilydd.
Trecha treisied. A synnech chi
fel y gall un cnawd-agen,
fod mor rhwydd â thorri cneuen.

Crack

*There was a conversation in the camp about an SS man
who had slit open a prisoner's belly and filled it with sand.*
JEAN AMÉRY

It was God's fault
for giving us imagination.
So one day, to pass the time

we drew lots, struck
match after match, and I won.
'No stomach for it,' they cried.

But I was dead serious,
bold, held the blade.
One incision would do it

and there, his guts slithered out,
a stinking Red Sea.
Nothing left to do

but fill his gut with sand.
By now they were howling with laughter.
Not a word from him. Eyes closed

he just murmured a prayer.
Spooky too. So I glanced
in case his soul leapt out.

Not a word of a lie, there's no shame.
Power rules. You'd be surprised
how cleaving one slit in flesh
is easy as shelling a nut.

[GC]

Nam Lleferydd

Heb nerth yn fy ngheg,
dysgais redeg yr yrfa yn stond,
heb rychwantu'r nendwr;
heb y llythyren fawr, mewn llyffethair own,
rhyw greadur mewn magl yn ei gwendid,
yn nadu, heb im dafod chwaith i rwydo'r byd,
cael fy rhaffo gan eraill a wnawn
– i dras y bras a'r bregus.
Beius ar wefus wrth honcian cytseiniaid,
methu rhedeg reiat na throi campau'n rhempus.

Yn hwyr y nos pan oedd eraill
yn anwesu gobennydd, dysgu'r sws gyntaf,
troi at fantachu arall a wnawn inne.
Treio, treio, yn chwys yr oriau cudd –
llefaru, troi'r geg yn sigl fawr,
ymrafael, rheibio'r geg a'm cadwai'n rhwth.

Doi cynghorion wrth imi dyfu.
Rhowch gorcyn dan dafod.
Ond ar wely'r dannedd
ni wnai'r marblys ddim at y parlys,
ni allwn ddringo'r allt rhy serth.

Nes undydd, daeth ffrwydrad.
Dannedd o dan ddeinameit –
taro'r parwydydd â dirifedi 'ngeirfa –
'rhyfeddodau'r wawr' o fewn fy nghlyw
yn rhwydd. Minnau'n rhydd
i ledu seiniau yn fy ngwddf –
consertina'r enaid yn ddihualau.

Ac yn y wyrth,
rhedeg rownd gororau'r geg
a wnawn. Heb gymorth.

Malediction

Weak in the mouth,
I learned to run, treading air, the *yr* race
avoiding rolls in the roof, and side-stepping
the big letter; in fetters, I was,
a creature snared in its own weakness,
whimpering without a tongue to net the world,
roped and branded by others,
consigned to the brood of rickety and rough,
gone in the mouth, a honker of consonants,
barred from running riot or feats of derring-do.

Midnight would find me, while others
caressed pillows learning how to kiss,
rapt in unsweet murmurings,
trying, trying, in a secret sweat, trying
to give utterance, the mouth become
a great cradle of quarrel, robbed and left agape.

Advisers, as I grew up, advised. Put a cork
beneath the tongue. But on the bed of teeth
the marbles worked no marvels,
the gums climbed too mountainously high.

Then – *bwmff!* – one day a bomb in the mouth,
a denticlastic dynamiting
that ripped the partitions into words without end,
wonders in abundance
assailing my ears, declaring me free
to launch sounds in the throat
from the squeeze-box of a soul
paroled at last.

A miracle then?
That I stride the mouth's peripheries
with no further need of ramp.

Ond weithiau pan lefaraf,
deallaf beth yw dieithredd
a phob sain, yn staen ar fyw;
a bydd y Gymraeg
o hyd, yn iaith cyllyll a ffyrc
yn iaith cerrig calch,
yn Gymraeg Sioni Wynwyns
neu'n llediaith laith

wrth i mi godi'r *rrrr* i'r to
yn anghaffael nad oes ildio iddi.

Yet sometimes when I speak
I know what strangeness is,
where every sound's a slur,
and the Welsh is still
cutlery a-clatter Welsh,
mouthfuls of rock Welsh
Sioni Wynwyns Welsh,
else a simpering lallation,

and though, yet higher, I raise the roof,
a flaw beyond fighting.

[NJ]

yr is Welsh for 'the'.

Plant yn y Gwynt

(Ajurr – enw epil Namarragon sef dyn y mellt yn iaith yr
Aboriginaid ac enw ar sioncynnod y gwair yn cynhyrfu storm)

'Mae'r gwynt ynddynt', meddent
o wybod eu cylchdroi yn ddail crin
yn hin yr hydref, a'u hysgwyd;
eu cosi a'u hymaflyd, yn syflyd
nes i'w cyhyrau gleisio'n godwm.
A daw'r paffiwr trwm anwel, taro'n ôl
fel epil Namarragon:
ciwed o sioncynnod y gwair
yn neidio'n eurlas, fioled ac ambr;
mellt a tharanau'n ysbrydegu.

Ajurr, plantos ar dân tir eithin,
codi cweryl a wnânt, cricsod iach
ymysg y deiliach. A'r cryts ifanc
yn llawn gwanc,
fflamwibiog eu llam
yn y gwynt, yn hilio'r helynt.

Children in the Wind

'Ajurr' was the name in Aboriginal language for
the progeny of Namarragon, the lightning man, and
a name for the grasshoppers who stir up the storms.

The wind was in them, they'd say,
knowing how they were whirled like withered leaves
in the autumn weather, and shaken,
tickled and taken hold of, tossed about
until their muscles were bruised in a fall,
as the unseen heavyweight hit back.
They were like Namarragon's offspring,
a swarm of grasshoppers
leaping gold-blue, violet, and amber,
thunder and lightning, in spurts.

Ajurr, children of the furzeland on fire
starting a squabble, healthy crickets
in the mouldy leaves, the young scamps
filled with cravings,
flitting flames
in the wind, in frolic and fret.

[JC]

Tywydd Teg

Down i'w harfer yn fore. Iaith tywydd teg
a chwerthin mewn dwrn am frowlan cawodydd
– digon i bydru'r bryn. Ni welwyd eu bath.

A'r tasgiad yn cau amdanom. Ein ffenest
yn llond llygaid o hinsawdd. Nid hyddysg
na wybu am drafod glaw lladd llau. Ymysg

testunau eraill llawn dadl. Ai eira Rwsia
neu America ddaeth ar ein gwarthaf? Ai gwyddau
a'i gyrchodd yma? Pynciau aml glustogau

sy'n diferu ymgomion. Eled oriau hirlwm
i ordrafod hindda. Nid oedd fel y stormydd a'r crwyn
yn wlyb sop. Yn ffyrnigo. Cofio'r clamps. Matryd sanau

a boddi traed mewn padell dŵr poeth. A soddi
ein bychanfyd o bwlltro. Eto, doedd dim fel daear
grinsych i ysgwyd tafodau o'u dihidans claear.

Hyd heddiw, ymunaf â'r addolwyr tywydd,
clywed am leuadau sychion heb ddylanwad
gwynt traed y meirw yn mudo ei gennad.

Pobl yr hen dywydd ydym. Ar drugaredd hwyliau,
yn gochel rhag craswen, yn cyson osgoi
bloeddiadau sydyn drycinoedd. Yn amdroi

arnom ein hunain. Ynom y gwir ofni:
nosi o'r tywydd tu hwnt i dymhorau,
a'r cau miwn go iawn. Wedi'r taranau.

Fair Weather

We get used to it early. The language of fair weather,
and stifled laughter at the thrumming of enough
showers to rot the hill top. No one's seen the like.

The splashing would close in around us. Our window
eyefuls of climate. You're not well educated
if you've never talked of rain killing fleas. Among

other debatable subjects. Was it Russia's snow
or America's that's overtaken us? Was it geese
brought it here? The topics of plump cushions

dripping conversations. Bleak hours would be spent
in discussing fine weather. It wasn't like the storms. And skins
soaking wet, dripping. Remembering the feet. Taking socks off

and drowning feet in bowls of hot water. And sinking
our little world in a whirlpool. Yet nothing was like parched earth
to shake tongues out of lukewarm indifference.

To this very day, I am one with the weather worshippers,
hearing of dry moons, the ineffectual
whiff of dead-men's-feet, till its message moves on.

We are the old weather's people, at the mercy of its whims,
wary of saucy smile, constantly avoiding
tempests' sudden outcries. Turning in

on ourselves. Inside us, the real fear:
the nightfall of the weather beyond the seasons,
the true closing in. After the crash of thunder.

[JC]

Eira

Eira mynydd, mamolaeth heb freichiau yw,
treiners dan sang, traed plant ar weryd;
lluwch eira, carnedd o lythyron
heb eu hanfon, yn addöeri'n ddoeth;
bras yr eira, ôl pigiadau'n cardota,
eira'r gors ar fynydd yn llawn starts,
eira mynydd, heb gesig ar garlam,
eira mynydd yn troi'n iaith heb eiriau,
eira ar ddraenen ddu heb egin,
eira mewn encil, min-flas enamel,
eira ar fysedd, yn ddwy law'n erfyn,
eira'n llatai, heb le, heb lety,
eira'n llethr – heb gâr, yn dismoeli.

Snow

Mountain snow, it's motherhood minus arms,
trainers underfoot, children's feet on earth,
snowdrift, a pile of unposted
letters, cooling into yesterday,
snow bunting, claw prints begging,
snow on mountain gorse full of starch,
mountain snow, with no mares galloping,
mountain snow becoming a wordless language,
snow on blackthorn without a bud,
snow in a shelter, enamel flavoured,
snow on fingers, two hands pleading,
snow as love messenger, 'no room, no lodging',
snow on the slope, loveless in dissolving.

[JC]

Chwarae Eira

We played happily as children – Protestants and Catholics...but as
soon as it snowed we always had snowball fights with the Catholics.

IRISH PROTESTANT

'Does dim celu celwydd mewn eira.
Pan ddaw, nid oes edifeirwch o'i drwch.
Calch y dyn tlawd yw, a diau, dynes,
a'i liw yn ddannedd, esgyrn, mêr, ewinedd,
gwedd canser hefyd wrth grynhoi tu allan
i'n cnawd. A'i ffawd? Fe ddisgyn heb euogrwydd:
ig yw sy'n atal pob sgwrs cyn y sgarmes.

A phan ddaw, daw'r eira'n hylaw
i arfogi cyfeillion, a'u troi yn 'nerco
ar fuarth lle bu concrit heb ei goncwest.
Dyrnau yn troi yn gasnodau,
yn drawstiau wrth gau llygaid yr ucheldir
a'r manna yn fanblu o gylchoedd;
planedau gwynnaidd mewn rhyfel cartref;
dal cern, hergwd i'r asen, celp ar glopa
â syndod yn sydynrwydd ei gryndod.

Ai caseg eira yw casineb?
Ai fel hyn y digwydd gyda'r chwarae
wrth droi plu yn llawn pledu?

Hir yw 'r cof catholig,
di-do ydyw dan grud eira;
dannedd o'r penglogau'n cnoi
hen, henaidd anwireddau.

Snow Play

We played happily as children, Protestants and Catholics – but as soon as it snowed we always had snowball fights with the Catholics.
IRISH PROTESTANT

There's no hiding a lie in snow.
When it comes, there's no room for remorse.
It is the poor man's lime, and no doubt the poor woman's,
its colour like teeth, bones, marrow, nails,
the look of cancer too, as it festers outside
our flesh. And its fate? It falls without guilt,
a hiccup halting all chit-chat, before the skirmish.

And when it comes, it comes in handy
for arming friends, and turns them dim-witted
in a yard whose concrete has not known conquest;
their fists clutching it, its splinters
beams as the eyes close on high,
the manna downy spheres;
white planets in a civil war,
jaw clipped, ribs thumped, noggin clouted,
surprise in its sudden harsh shudder.

Is hatred pelted snow?
Is this how it happens with play:
the flakes filling with flaying?

The catholic memory's long:
it is roofless, under snow,
the teeth of skulls gnawing
old, obsolete untruths.

[JC]

Twll y Glaw

Curo 'n wyllt a wna'r glaw,
tapio ar ffenestri wrth dynnu sylw,
canu salmau am gawodydd swil,
bwrw hen wragedd a ffyn, ffordd hyn,
cyn bwrw cyllyll a ffyrc yn dwrw.

Unwaith, do, gwelwyd cawodydd:
llyffantod ar ffo'n neidio,
silod o bysgod yn haig o ymborth.
Ond daeth penbyliaid wedyn, penio
tua'r cread ynghyd â'r acrobatiaid
o lyswennod, nes i'r glaw atal ei lanw.

Nid adnod newydd yw hon.
Medd haneswyr yr hin –
fe gludwyd sudd y tamarisg
a'i roi'n fanna yn Wadi Feiron.
Bu tystion yn taeru i gen y cerrig
a'u cawodydd lynu'n ddig ar greigiau
nes plisgo'n y gwynt, hifio danteithion.

A do, bu'r glaw yn ymborth i'r newynog;
yn iro tafod gan roi blawd ger môr Caspia
yn seigiau sawrus. Do,
ceryddodd y cnau cyll y ddaearen
wrth i hadau mwstard a maidd
droi'n ddeheulaw o law, yna'n bys a ffa.

A rhwng y cawodydd anfarwol hyn
fe gawn ddafnau byw sy'n loyw,
yn ddistyll tryloyw, yn ddiferion glân
o ffynnon sy'n fendigaid.

Cawodydd croesion
– digon i foddi'r lleuad lawn.

Cloudburst

The rain, it beats wildly,
taps on windows to attract attention,
chants psalms about bashful showers,
spills (as we say) old women and sticks hereabouts
before a clatter of knives and forks.

Once, yes, showers of toads were seen
leaping off in flight,
fish spawn, a shoal of a meal,
but then came tadpoles, heading
for creation, along with acrobatic eels,
till the rain halted its downpour.

This adds nothing new to the Bible.
Historians of weather say
that the tamarisk's sap was carried
and bestowed as manna on Wadi Feiron.
Witnesses swore that showers of lichen
clung to the rocks until with a wind
it peeled off as delicacies.

And yes, the rain was food for the famished,
anointed a tongue like the flour near the Caspian Sea
that was turned into tasty meals. And yes,
hazel nuts chastised the earth
before mustard seeds and whey
became a benevolent rain, then peas and beans.

And among these unforgettable showers
we have living drops that shine bright,
a transparent distillation, pure drops
from so blessed a wellspring,

showers of crosses,
enough to drown a full moon.

[JC]

71

Gwynt

...yn gwneud y gwyntoedd yn negeswyr...
SALM 104

Ar ben mynydd-dir, daw'r gwynt ar ffo.
Daw, fel ffroen yr ych atoch,
daw'n hwrdd sy'n topi,
daw gwrid llencynnaidd yn fochau fflam,
daw ar duth traed y meirw;
daw'n wylofain am lwyfan.
Daw, a'ch curo o'ch synhwyrau,
a'i chwibanogl ym mhob twll heb allwedd yn y clo.

A thry'n gellweirus dro arall
– pan ddaw'r eira i gadw cwmni;
dileu ôl traed bras yr eira,
troi ei law'n gerflunydd lluwchfeydd,
delwau gwynias ar ymyl cloddiau
ac allorau clir ym mynwes ffordd.
Yna, daw i draflyncu eira'n farus
cyn barbali straeon am y glog;
chwiffio'n chwareus ar ôl snoched y plu;
unwaith eto, ailafael â'i hyder
i ysgwyd y ddynoliaeth o'i chrib i'w thraed.

A daw â'i negeswyr at ein drws i ddatgan
– nad oes dim, dim hyd byth, yma, yn sad.

Wind

On a mountain top, the wind will come in full flight,
come towards you like an ox's muzzle,
come as a butting ram,
come with a youthful flush, cheeks flaming,
come trotting on dead men's feet,
come wailing for a platform,
come, and beat you senseless,
its whistle in every cranny that's not under lock and key.

And another time it turns mischievous,
when the snow comes to keep it company,
wiping out the snow bunting's footprints,
trying its hand as sculptor of snowdrifts,
glowing icons at the edge of hedgerows,
pure altars, at a roadside.
Then it comes to gulp the snow greedily,
before blabbing tales about the cliff
whiffling playfully after tumbling the flakes,
getting a grip on its confidence once again
to shake humanity from top to toe.

And it comes to our door with its messengers to declare
that nothing has ever yet stood firm.

[JC]

Mwlsod

Fe'u gwelais drwy wydr,
yn glaf amdanaf, droed a llaw;
eu gwadnau rwber yn nadu
y gallwn pes dymunwn
agor grwn esmwyth ar hyd lôn
a'i llond hi o lonyddwch.

Seibiannent am rwyddineb
y weithred o amgloi rhyw hoe
a'i horig yn ddiddigrwydd;
anifeiliaid anwes, wrth draed
eu meistres, yn erfyn maldod,
bysedd mwys yn y diwedydd.

Nid oes cefn cau i'r llopanau hyn.
Deallant ysfa'r mynd a dyfod,
i gamu allan ac yn ôl dan gysgod.
Deallant rinwedd yr holl anheddau
sy'n tawelu deiliaid i ymneilltuo,
i fynd o dow i dow –
teyrngar rai sy'n dal eu tir
yn ddistaw bach ar droedle.

A daw eu defnydd, ambell awr
i ganu am y byd tu hwnt
i roi eich dwy droed ynddi;
wrth erchwyn gwely, byddant yno
yn geidwaid hawdd-eu-cael,
er y traed pridd a'u bendithia.

Ac yn y bywyd hwn,
lle mae gwadnau caled
yn concro'r concrid,
sodlau clinc-clonc
yn tarfu ar wylaidd dorf
a'u stacato o statws,

Mules

I saw them through glass –
longing for me, heart and sole,
their tongues of rubber calling
that I could, if I so wished,
open a smooth furrow along a lane
filled with peace and silence.

They lolled around the easiness
of mapping out a small rest,
an hourful of contentment;
lapdogs at their mistress' feet
awaiting caresses –
ambivalent toes at end of day.

These slippers have no backs –
they understand my need to come and go;
to stride out and home in shadow;
understand the virtues of soothing homes
whose inhabitants draw back a little –
ambling along –
the faithful who stand their ground
and mutely keep a foothold.

Their true use comes at times like these –
singing about a world beyond
(you could really plant both feet there);
they'll be here at the foot of the bed
ever present guardians
despite these feet of clay they're blessed with.

And in this world
where hard soles
are slapping concrete –
clinking clanking heels
stuttering their status
cutting across the quiet congregations –

mae angen y rhai llariaidd
i sibrwd wrth y llawr
mor isel ydym – megis mwlsod.

Gwyn eu byd y llaprau o lopanau –
a etifeddant y ddaear – o leiaf weithiau.

the world needs these meek ones
to whisper to the earth
how low we are – like mules.

Blessed are the humble slippers
who sometimes, at least, inherit the earth.

[EAH]

Mynd yn Dywyll

Weithiau, daw'r gred mai mynd yn dywyll ydym oll
wrth fynd yn hŷn. Arafu gan bwyll bach
nes gweld mai nudden fore yw ar goll
yn chwilio man i orffwys o fewn ein hach.

Dro arall, honnaf mai niwl y mynydd yw
sy'n clirio pan yw'r haul yn cadw oed;
neu dawch y ddinas byla bob peth syw
gan ddrysu'r golwg a simsanu troed.

Ond wedyn, credu 'rwyf mai gweld yn well
a wnawn ar ddiwedd oes trwy wydrau clir –
wrth ganfod ynom ddawn i weld yn bell
rhyw drem nas sylwom yn ein dyddiau ir:

Cans gweld ein gilydd ydyw'r golau llym
a wna i'n trem dryloywi'n llafn o rym.

Going Dim

Sometimes, the belief comes that we all go dim
to the world when older. Slow down cautiously
until we see it's morning haze that's lost
seeking a place to rest within our lineage.

Another time, I say it is the mountain mist,
that clears off when the sun arrives on time,
or city smog, blurring everything outstanding,
baffling the eyes and making feet unsteady.

But after all, I believe that we see better
later on in life, through lucid glasses,
when I perceive in us a gift to see far off
a sight unnoticed in our youthful days:

since seeing one another is the piercing light
that makes our sight transparify, a laser beam.

[JC]

Comed mewn Cae Mawr

(yn Media, Philadelphia)

Yng nghefnlen yr awyr – heno,
mae blewyn bach yn llygad y nos
yn cau amrant, fesul ciliwm.

Ninnau, mor llygad-agored ydym
yn awchu dal gefeilian mewn llaw
a'i dynnu'n rhydd, tuag atom.

Ebrill arall sy' ar y deintur;
rhyfedd fel y gall un glöyn aur
gosi'r entrych uwch y lliaws gwydrog.

Ninnau, mewn maestir yn Media –
y tu hwnt i synnwyr amser a'i bellter;
bresych sgwnc sy'n dial yn ddrycsawrog.

A chyn damsang arno, llais o'i lewyg:
Pam nad ystyriwch holl egin y pridd
unwaith yn y pedwar amser, yng nglas y dydd?

Comet in a Field

(Media, Philadelphia)

On the backcloth of the sky tonight
a small hair in the night's eye
closes the lid, cilium by cilium.

And we, how wide-eyed we are,
craving to have tweezers in hand
to pluck it free, towards us.

Another April's on tenterhooks;
strange how one gold speck can tickle
the firmament, and the binoculared crowd.

And we, in a meadow in Media,
beyond the sense of time and its distance,
arouse foul-smelling skunk cabbage.

And before we tread on it, its voice from its swoon:
Why won't you consider all the shoots of the earth,
once in a blue moon, in the light of day?

[JC]

Croen ac Asgwrn

(i Tony, cyn ei lawdriniaeth)

Nid cnawd a'n tyn at gariad,
er llyfned croen eboni neu laeth,
dibloryn wyneb prydweddol.

Na, y mae'n sylwedd yn symlach
ac nid bloneg yw. O ddifri –
amlhau a lleihau a wna braster.

Ond nid oes mynd a dod i'r bonion:
maent yno'n brifo at yr asgwrn,
tu hwnt i'r tân ar groen sy'n poethi

neu'n llonni. Dyna dynfa cariad –
mân esgyrn garu; yn fwndel
sy'n llawn troadau o symudiadau.

Bydd sŵn ein hatblygon yn hyglyw –
Clec uwch penglin neu benelin;
o, fel y down i ddeall eu bod yno

y tu ôl i'r croen. Yn ei hoen a'i henaint.
Rhyw genfaint o esgyrn sy'n hyrddio
wrth i'n mêr eu meidroli.

Caraf dy benglog a'th ddannedd
am eu hamynedd, wrth gefn dy groenedd.
Cans hirymaros yw'r creiriau.

A phan fydd corff yn masglu
mewn ffwrnes wrth ildio anwes,
ffromi a wna a grwniannu.

Edrychaf ymlaen at y dydd
pan fydd dau gariad yn canu
mai esgyrn brau a'u clymodd

Skin and Bone

(for Tony Conran, before surgery, 1998)

We aren't seduced by flesh
however smooth an ebony skin
or milk-white face of beauty.

Our substance is much simpler
and it's not fat. Seriously –
that waxes and wanes.

The stumps don't come and go;
they are there, they ache to the bone,
beyond the fire which consumes the flesh

or licks it. The pull of love?
Tiny, fine rasps of bones; a bundling
of twists and turns.

The sound of their turning is clear –
a knee's creak, a deathwatch knock
tells us they're there.

Beyond the skin, its vigour and age
a pack of bones snarls,
our mortality slopping their marrow.

I love your skull. I love your teeth
for their patience, which is beyond skinfulness.
How long-suffering relics are!

And when the body falls apart
in the furnace of passion
they are angry and craze.

I look towards the day
when lovers will sing that it was bone –
the longing for a spine

yn nwydwyllt am asgwrn cefn.
Na, does dim ail i serenâd
ysgafn y galon am ysgerbwd.

Ac onid gweled trwy rith a wnawn
belydr-X ein byw, a chariad yn ystum
a gân y salmydd am lyn cysgod angau.

O darth ein cnawd, daw ein cragen yn glir –
i'n cynhesu â phob tywyn tyner
hyd at awr ei machlud styfnig.

Cig oddi ar yr asgwrn.

that twined them together.
No, there's no beating
the heart's light serenade for a skeleton.

I say, we see through a mist;
on life's X-ray, love is the shadow
the psalmist sings in the valley of death.

From our flesh-haze, our shell falls clear.
It warms us with its gentle sun
to stubborn sunset.

Flesh from the bone.

[EAH]

Llenni Cau

'Ydyn nhw'n caru?' Cwestiwn dwys
y dyn bychan a'i feddwl yn olau dydd –
wrth i lenni a'u gwefusau gwrdd,
taseli o ddwylo wedi eu gollwng, yn rhydd.

A gwn mai gweddw sydd yno. Yn cuddio
rhag i'r haul drachwantu wrth weld
ei chelfi sgleiniog, rhag llam ei belydr,
ceidw'r parlwr yn dywyll rhag bradu'r seld.

Ofn arall sydd ganddi. Byr anadl lladron
yn clipo ar antics a'r antur am eu dwyn
i fannau pell, heb barch at eu hanes;
yr eiddo a roed iddi 'rôl claddfa'u crwyn.

A thu ôl i'r llen bu Beibl mawr yn llechu,
claspiau aur yn cadw'r Ysbryd yn Lân,
rhag cabledd cacamwnci'r llwyni
tu allan i'w drws lle mae'r almon yn ei chân.

Cipiadau ar ein creiriau. Tynged yw
sy'n agor a chau pob ffydd a ffestwn –
yn ofni i'r cilffenest gael trem ar y perihelion,
aros yn unig wnawn. Aelodau deri, heb smic. Heb swn.

Closed Curtains

'Are they making love?' The small child's question,
since it was still broad daylight, and one could see
the lips of dainty curtains touching tassels,
the hands of someone having set them free.

And I knew it was a widow there. Shutting
the sun out lest it passionately gaze
on her glowing furniture, keeping the parlour as a sanctum
lest the dresser be defiled by its throbbing rays.

And there's another fear. That thieves on catching
a glimpse of such antiques might gasp for breath,
and caring nothing for their history, cart them off,
these precious things of hers, passed down from death to death.

And there's a Bible lurking there, behind the curtain,
whose gold clasps keep the Holy Spirit clean,
lest it testify that near the almond tree outside
the burdocks in the bushes sing a coarse refrain.

Snatches at our relics. It's fate that every day
opens and closes faith and fancy curtains.
Fearing a corner chink would show the sun at noon
we stay inside, part of the furniture, the silence.

[JC]

Y Dydd Ar Ôl Dydd Ffolant

*70% of all lingerie bought for Valentine's Day
is returned to the store the following morning.*

FINANCIAL TIMES

Ai fel hyn y digwydd?
Y dydd ar ôl dydd Ffolant,
tyrrant, pob un i'w antur,
yn fysedd mela'r trysor;
canfod tafodau sgwâr
a'r edau gwyn yn dirwyn iddynt,
y pris tu ôl i'r parsel.

Ac ai hyn fydd y gyffes?
'Bu ef mor frwd â chredu
bod fy nghwpan yn llawn,
wir, newydd sbon yw'r fronglwm.
Ac am y bach bachigol,
amryddawn iawn yn fy llaw
ond roedd cael dwy ffolen
i gamu iddo yn rhywbeth arall
gydag agen maint morgrugyn.'

'Y meddwl sy'n cyfrif,' meddant
yn garedig, a gwenu.
Ond fe ŵyr hi mai'r meddal arall
y mae e am feddiannu.
Yna, beth am y clasur glasaidd –
'Pa ias mewn gwlad mor oerllyd,
prynu imi rhyw chwiff o shiffon.'

Ai dilead fydd nod eu cread?
Rhyw amddifaid, diofyn-amdanynt,
yn ddieithriaid mor ddiwahoddiad.
Eto, nid afraid mo'r lifrai –
y rhai llai sydd am laesáu;

February 15th

*70% of all lingerie bought for Valentine's Day
is returned to the store the following morning.*

FINANCIAL TIMES

Is this how it happens?
The day after Valentine's day,
for all those women, flocking to love's adventure?
Their fingers, fondling their treasures,
discovering blunt-tongued labels,
the white threads leading to them,
the price behind the parcel?

Is this how she'll unburden herself?
'My man was so bold as to believe
that my cup was full to overflowing,
honestly, this bra's brand new!
And as for these – this cobweb –
I may have tricksy fingers
but squashing my cheeks into this,
through that spider-sized gap, just isn't on.'

They say it's the thought that counts
(kindly, smiling as they say so)
but she knows that it isn't her thoughts
he wants to possess.
What about that red-light classic:
'A whiff of chiffon, in this cold country?
That's no way to give me the hots!'

Isn't their weave for the unravelling?
Unwanted, orphaned garments –
uninvited strangers at love's feast –
and yet their rampant livery's right,
these smalls that long to expand –

na feier 'run neilon na leicra
na'r gwawn lliw siampaen
na'r basg a'i dasg
o gyrraedd gwasg,
na'r tyciau lês sy'n plymio
i fannau na wna les;
na'r gŵn nos, esgeulus wisg,
y rhai ysgafn o dras
sy'n ffars rhyw ffansi –
yn dryloywon didrylwyr.
Hepgorion rhyw hapgariad.

Ac ai fel hyn y digwydd yfory?
Diddanion, manion mwyn
ar fin ein nos yn gweld goleuni,
cyn diflannu'n wib i'w plygion
rhubanau cywrain ar ffo
yn segur ddianwes;
serch sy'n ddi-dâl ei wâl –

onid yw pob ffetan yn dlos?

Cans is ydym na'r pilyn isaf –
yn noethi'n dragwyddol,
yn camu wrth ambell sant wrth chwantu.

Yn ffaelu â help
ffolinebu am undydd
wrth ddwyn i gôl
y ffôl a'r sawl a ffolant.

don't blame the nylon, the lycra,
the champagne-coloured floss
nor the basque and its task
of reaching the waist,
nor the lace pin-tucks which plunge
to the no-good places,
nor the rather-too-holey nightdress;
these flimsy things
are the farce of fancy:
transparently see-through –
the cast-offs of a chance lust.

And is this how it'll be tomorrow?
Playthings, the sweetest of nothings,
seeing daylight at the end of our night;
before casting off into its folds,
leaving the intricate ribbons
silent, unstroked,
love finds a bed where it will –

can't some people look good in a sack?

For we are lower than our underclothes –
always undressing ourselves,
but draw nearer to the angels, sometimes, in our passion –

we just can't help
one day's silky silliness
as we clutch to ourselves
the fool and his frills.

[EAH]

91

Cot law yn Asheville

(yng Ngogledd Carolina)

Mynd heb got o gatre?
Na, hyd byth.
A hyd yn oed wrth ehedeg
i le diangen am hugan
daw gwlybaniaeth fy nghenedl
a'm tywallt, yn walltfeydd.

Doedd neb arall yn torsythu cot,
neb yn arddangos ymbarelau.
Ond po fwyaf tyner yw'r tymor,
mwyaf yn y byd yr ofnwn ei frath.

Dadlau oeddwn ger y bar
mor ofnus ddiantur oedd y Cymry.
'Fydde neb yn mentro gollwng cot law
rhag ofn rhyw ddilyw,
llai fyth bod mewn esgeulus wisg.
Sych genedl yr haenau ydym,
yn dynn at yr edau.'

Eto, pes gallwn,
fe ddadwisgwn fy llwyth,
plisgo fesul pilyn amdanynt
a'u dirwyn at eu crwyn cryno.
Eu gadael yn y glaw i ddawnsio,
arloesi mewn pyllau dŵr,
ysgafnhau mewn monsŵn o siampaen.

Ond y gwir gwlyb amdani yw
im gael fy nal, fy hunan bach,
yn magu cot yn Asheville
a hithau'n cymdoga haf.
Ac yng ngwres ei lesni, ei gadael
yn dalp o neilon ar gefn rhyw sedd.

Raincoat in Asheville

(North Carolina 1997)

Leave home without a coat?
Not on your life –
even jaunting through a land
where a cloak would seem uncalled for
the damps of my nation
will find and drench me.

No one else was flashing a mac
or brandishing brollies,
yet the gentler the weather
the more we've reason, in our thin weeds,
to fear its sting.

How timid, I declared at the bar,
how unventuresome the Welsh.
'No one would dare leave a raincoat behind
for fear of a deluge –
still less neglect a negligée.
We like to keep dry, swaddled against
all outbreaks of flesh.'

I would if I could
undress my tribe,
flay them naked of every last stitch
and leave them dancing in the rain,
puddle-struck adventurers
levitating through a champagne monsoon.

But as a matter of dampish fact
I was caught myself
holding in Asheville's neighbourly summer
both court and coat;
black coat that in the heat
of a bluegrass moment
got left, a nylon heap, on the back of a seat.

Ie, myfi o lwyth y rhag-ofn-leiafrif
yn cael fy nal gan anwadalwch.
Gwynt teg ar ei hôl
wrth imi ddychwelyd i Gymru,
yn eneth a'm dwylo'n rhydd
– yn gweddïo am storom Awst.

Yes, I of the tribe of Don't-Get-Caught
was caught out with a vengeance
– 'A fair rain behind her' –
as I landed back in Wales,
a girl empty-handed
praying for a storm.

[NJ]

Remsen

Nid wyf am roddi cyfle byth i'r brawd o Lerpwl gau drws yn fy erbyn. Mae ef yn llawenhau fod y brawd o Remsen a'i bobl wedi gwneud hynny.

SAMUEL ROBERTS [S.R.], yn y *Cronicl*

Tŷ Cwrdd a'i ddrws clo. Pipo wnaethom fel adar y to yn craffu
benben â'r paen a thynnu penliniau fry ar lintel, ond gomedd
a wnâi i ni drem. Ei oledd yn cau pob goleuni. Ac am ein sodlau,
dudalennau hen gofiant o eira budr. Hwnnw'n hel ein sylw. Ond annedd
a'i llond o wres oedd ein hangen. A hi'n hwyrhau, haws dadlau
â chysgodion dan do. Ac yno, mewn tŷ tafarn, Seiat brofiad
oedd ein dyfod wrth i adnod, ar ôl ei hadrodd, greu lleisiau
o gyffro. 'O Gymru?' meddai llais gwraig a'i llond o fwg a derbyn.
Yn angof aeth cynnen gaeaf ein mamwlad wrth i wanwyn
y taleithwyr droi'n gantata dros genhadaeth ein barddoniaeth.
'Ond ble mae'r Maer a ble mae'r faner?' lleisiai un gan godi
asgwrn i'w glust a bu amenio i'w ymbil a'r cysegr yn porthi
ei dwymeiriau. Erbyn hyn, roedd y dorf yn gytûn, yn gynnes,
yn Gymry newydd, yn brolio achau hyd eu breichiau.

Gwanwyn oedd hi wedi'r cyfan. Codi pwnc a'r llwnc yn llawen.

Dau fath o aelod sydd i'w gael. Cwmwl dyst neu ddistaw.
A theimlwn wrth i'r llu baldaruo, fod yno, yn ei hosgo
Salmau o dan saim colur a diarhebion cuddiedig
dan fasgara o aeliau a welodd hindda a hirlwm yn cronni.
Do, sleifiodd ataf, gwasgu fy mloneg fel pe bai am brofi
meddalwch rhyw eirin gwlanog gan wybod mai chwiorydd
yn unig sy'n gwasgu fel hyn. Fel pe bai'r groth yn wylo
am ei gwacter. 'Twilight zone,' meddai, 'yw Remsen,
tre Gymreig neu beidio. Yma, does dim ond hwyaid
i'w bwydo bob bore. A chodaf gyda briwsion y bore;
hwy yw fy ffrindiau, hwy fy manblu, fy anwyliaid,
heb son am yr un twrci gwyllt. Ac unwaith, diflannodd
i'r llwyni. A gwn y bydd llydnu cyn hir a lluosogi.'

Stinger's Remsen

Never shall I give the brother from Liverpool opportunity to close
a door against me. He rejoices that the brother from Remsen and
his people have done this.

SAMUEL ROBERTS [S.R.], Llanbrynmair, in a letter to *Y Cronicl*

Closed to us the Meeting House doors, as we peeped like nosy
     sparrows,
spread-brows to pane – a wing against the glass, but caught
scarce a glimpse; light aslant shutting out light, our soles scuffing
a well-thumbed memoir of dirty snow. Cue, then, to seek out
some cosier abode; easier, late in the afternoon to contend
with shadows beneath a roof. And so, in a bar, we found ourselves
in a fellowship meeting where a verse, once recited, sparked cries
of excitement, a woman's 'From Wales!' husky with smoke and
     welcome;
forgotten the strife of our motherland's winter in that spring turned
by those upstate folk into a cantata for our poetry's mission.
'Where's the mayor? Where's the flag?' said a man raising a phone
to his ear, and spitting amens, hot and blue, to summon them forth
to the sanctum. The congregation were by now as one, all warmly
new Welsh, boasting pedigrees by the pitcherful:

early spring, it was; every topic unstoppered, a thrill to the throat.

Clouds of witness descend in only two forms: cacophany or calm.
And I felt in the thick of that babbling host a presence within:
psalms beneath the make-up's grease, and wisdoms laid down
under brows mascaraed thick with fair and unfair weather.
Yes, she slunk towards me, pressed my flesh as if in touch
with the softness of a peach, knowing that only sisters
feel the weight of such things, as if their wombs wept
with vacancy. 'Remsen,' she said, 'is a twilight zone.
Welsh town or not, here there's nothing but ducks
to feed every day as I rise among the morning's tatters.
But they are my friends, my downy ones, my darlings,
and the turkey, O! the one wild turkey…who wandered away
into the woods, and will surely hatch soon a brood of her own.'

Ac ar hynny, her-adroddodd am gyfrif ugain ohonyn nhw mewn un oedfa ar ei rhodfa, a'u cyfri, yn igam ogam.

Erbyn hyn, roedd y dydd wedi dwyso'r prynhawn yn wamal-a'r awel fain tu fas yn dew gan 'Dwrci Gwyllt' ei hanal.

Twenty, she declaimed, twenty she'd once proudly counted
zigzagging their way to some gathering somewhere.

Delivered, by now, was the fond afternoon to evening's door,
the cool air outside plump with many a 'Wild Turkey' of her breath.

[NJ]

Harlem yn y Nos

a state of mind

LANGSTON HUGHES

Meindio fy musnes? Ddaw e ddim i fardd
yn hawdd. Ei greddf yw'r weiren bigog
a'i chael hi'n drydan. Atgof nad oes mo'i chroesi.

Ond heno, mae'n hwyr. A minnau
am groesi'r ddinas. Ac mae'n ddu allan –
yn ddu llygoden eglwys. Amdanaf i

'rwy yng nghefn cerbyd sgleiniog
sy'n brolio ei ddüwch. Chicano wrth y llyw,
mwy du na gwyn, lliw sinamon.

Ni ddeall Saesneg ond rhyngom, rhannwn
iaith olau'r materol a'i doleri,
yn wynion a gwyrddion ysgafn.

Rydym hanner ffordd rhwng gadael
a chyrraedd. Hanner ffordd rhwng
myned a dyfod. O'r tu ôl imi

ardal Iddewig. Y rheini â'u hachau
yn nüwch Dachau a Buchenwald.
Daw du er hynny yn lliw newydd

ymhob oes. A heno, taith ddirgel
yn y nos yw, a minnau'n wanllyd
gan wynder, wrth wibio trwy ddüwch

a'i drwch oriog yn Harlem. Ac yno,
nid oes goleuni. Ni threiddia holl rymoedd mân
– na llifoleuadau Manhattan yma

na dod i wincio'u llewyrch. Coch yw 'r golau
a chawn ein hunain, myfi, y Chicano
a'i gerbyd, yn hirymaros i'r gwyrddni

Harlem, Night

a state of mind
LANGSTON HUGHES

Minding my business? It doesn't come easy
to a poet. Barbed wire's more her line,
electrified throughout, that none may pass.

But tonight it's late, I'm crossing
the city, and it's dark out, dark
as a sewer rat. Me, I'm reclined

on the back seat of a gleaming saloon that beams
with blackness. The Chicano at the wheel,
more cinnamon-as-black than white,

has scant English, but between us we share
the white-and-light-green lit-up lingo
of materialismo's money.

We're half way between departure
and arrival. Half way between
going and coming. To the rear of us,

a Jewish quarter, whose forebears knew
the blackness of Dachau, of Buchenwald.
But black becomes, in every age,

a new colour, and tonight, this dark night
it's a mystery tour, me wan with whiteness
as we career through the dark

and the unstable, lightless depths
of Harlem, where not all the might
of the floodlights of Manhattan

can so much as wink their brilliance. Red is the light,
and here we wait, me, the Chicano
and his automobile, wait for the green

ein rhyddhau eto i'r cylch o ambr
fel caethweision yn cael dringo
mynydd i rythu ar yr haul yn codi.

Ond nos yw hi. Hanner nos er hynny,
ninnau rhwng gwyll 'nawr a goleuni,
hanner ffordd rhwng hanner ffordd

a chyrraedd. Fforddolion mewn dudew
ac wrth nesáu, daw'r goleuadau
i losgi'n ysgafn fy nghroen a'm sgaldanu'n ddu.

Na, does dim fel euogrwydd y dieuog,
ymresymaf â mi fy hunan,
wrth estyn rhyw gildwrn i'r Chicano

a gweld ei balf yn cau mewn dúwch –
a diolch. Ac wrth imi ddringo i'r cae nos,
fe wn fod yr awr dduaf wedi hen, hen, hen ddyfod.

to release us into that realm of amber
like slaves compelled to climb a mountain
to feast their eyes on the rising of the sun.

But it's night, the very dead of midnight,
and here we are between dark and light,
half way between half-way and our

destination. Travellers benighted,
and as we draw near, the lights begin
gently to burn and scald me black.

No, nothing like the guilt of the innocent,
I reason with myself,
as I hand the Chicano a tip,

see his fist shut tight in blackness
and thanks. And as I ascend to the fields of night
the darkest hour, I know, is already here.

[NJ]

Cath i Gythraul

(Ada Berk, 93 mlwydd oed a ddaliwyd yn goryrru yng Nghaliffornia)

Fe'i ganwyd i ganrif lle roedd pwyll,
yn gwilsyn, ger cannwyll;
cynfyd, lle roedd cerdded
tu ôl i aradr, yn sythweled.

Yna, daeth cerbydau i ganu
ac ambell un i reddfol lamu.
'Pa werth aden heb ei chodi'?
meddai Ada cyn y rhoddwyd stop arni.

'Ada Berk,' meddai'r heddwas trwy'i ffenest,
'pa drwbwl sy'n eich aros, a pha lanast
a ddaw rhyw ddydd i'ch ran, wrth alw
pob un yn "honey" a chithau'n weddw.'

'Wel fy melog bach, does gen i bellach
neb i'w alw'n gariad ar ôl, o'm llinach
a pha synnwyr 'ta pun ar lôn mor droellog
loetran chwe deg. Deddf yw i ddraenog.

A dim ond yn fisol gallaf fforddio
hedfan ar olwyn, heb sôn am rasio.'
Ond gwae a ddaeth i'w rhan cans heddi
fe aiff â phryd ar glud i gartrefi.

Ac yn dâl am yrru mae Ada chwim
yn gwneud gwaith cymdeithasol, am ddim.
A'r olwynion araf yn mynd i bobman
– yn gosb, am fod yn iau na'i hoedran.

Cat out of Hell

(93 year old Ada Berk was caught speeding...)

She was born to a quill by candlelight
in the century of discretion,
the old world where walking
behind a scythe was intuition

Then came the singing machine.
Some took to it like birds to the sky.
Said Ada when they flagged her down,
'What use are wings but to fly?'

'Ada Berk, you'll hit big trouble,'
said the speed cop through the window,
'calling everybody honey,
and you a widow.'

'Well, honey boy, I've nobody left
to call me darling any more.
And where's the sense on a winding lane
dawdling at 60. It's hedgehog law.

Only once a month I can pay for my wheels,
never mind getting speedy.'
Now she's stuck in a rut steering
meals-on-wheels to the old and needy.

Sentenced for speeding, fast Ada
does community service, no wage,
on wheels that loiter wherever they go
to pay for not acting her age.

[GC]

Bore da yn Broadway

Yn hwrli bwrli Broadway,
brwd yw enw'r bore
anadl pob un ar wydr,
gwefus a gwaill
yn anweddu piser mawr y byd.

A chanaf pan welaf groen yr awyr –
afalau gwlanog yno'n ein gwahodd
i'w pherllannoedd pell a moliant.

Af yn llawen i'r un lle
sef yma, yw mannau 'nunlle;
rhwng stryd pedwar deg saith
a phedwar deg wyth –
lle mae de a gogledd yn cwrdd,
dwyrain yn daer â'r gorllewin –
yn rhannu llestri'r dydd.

A bydd 'bore da' o enau
gwr o Irac yn fy nghyfarch,
gwenau sudd yr olewydd
yn siriol o blygeiniol,
a'm hateb, mewn Arabeg anwar,
blera diolch uwch cwmwl o goffi
ac ebwch yn drwch o fyrlymau –
ger fy mron fel gwg elyrch.

A byddaf yn gwylio'r awyr
gan ddal holl ffenestri dynion yn ei freichiau,
yn diolch am droi'r ddinas yn anhysbys;
ar dro, cynefin sy'n gynnar ei haf.
A byddwn yn estyn a derbyn,
yn bendithio byd rhwng y dysglau
cyn ymddieithrio yn ôl yn gaeth wedyn.

Broadway Morning

In hurly burly Broadway
anticipation is the morning's name,
the breath of the city on glass,
lip on a straw
sipping the pitcher of the world.

I sing at the sight of the sky's skin,
a bowl of sharon tempting us
to the orchards of praise.

I set out in joy to my usual place,
here, nowhere at all,
between 47th Street
and 48th Street
where north and south meet
and west greets east
to share a cup of the day.

It'll be '*bore da*' of welcome
from the mouth of the Iraqi,
smiles succulent as olive
in early morning joy.
Then the answer in clumsy Arabic,
'thank you' over a cloud of coffee,
and the sound's thick scum
is beside me like a fury of swans.

I'll watch the sky again
holding human windows in its arms,
grateful to the belated city,
my homeground early with summer.
So we give and receive
the world's blessings in a cup,
till we're caught out, estranged.

Ym mhob bore brwd
hawdd yw dal i gredu y gall byw
fod fel llinellau cynta' stori dda,
cyn ildio i iaith neb yr hysbysebion
gan wybod am y 'man gwyn man draw'.

Ac mor ddengar yw dwyrain a gorllewin
– llithriad tafod sy'
rhwng nam a cham ym mhroflen y cnawd.

A chanaf wrth ymryddhau o'r oed
nad entrych mo'r awyr a'i fricyll gwanolau,
ond ei fod yn dyfod amdanaf, a'i draed ar y llawr.

Every eager morning it's easy
to believe that life's
the opening lines of a good story.
But I'm falling into ad-language,
knowing too well
of the lure of east to west,
that one slip of the tongue
can score the pages of flesh.

I sing, cut free from easy greeting,
that the firmament isn't an apricot sky overhead
but it comes to me, touching the ground.

[GC]

Y Gwas Bach

'Doedd e'n ddim byd mwy
na llai o ran hynny
na gwas bach ymysg y glesni;
yn hercyd y gwartheg i'r beudy,
yn bwydo'r lloi a'r ieir,
yn gwahanu ffowls diwardd wrth ei gilydd:
y pethau hynny sy'n rhan o fyw neu farw.

A rhyngddynt, pa reddf sy'n fwy na goroesi?
Hyn a orfu, y noson y bu farw
ei dad ac yntau'n llanc rhy ifanc
i gael rhannu sgwrs am ryw hwsmon
ar dalar well mewn ffarm fawr
ar ochr draw'r Cwm.
Roedd holl swm a sylwedd
seibiannu a galaru
ar seddau anystwyth yn y parlwr ffrynt
yn rhy bell o'i brofiad –
yn rhy agos at weiren ei brofedigaeth.

Roedd yna odro wedi'r cyfan i'w wneud,
ewyllys arall i'w gwireddu,
a'r gwas bach wedi'r cyfan
yn gwybod sut roedd gweithio fel dyn –
amaethu ac anadlu yn wynt yn ei ddwrn.

Weithiau,
wrth syllu ar gaeau breision
Shir Gâr a'i thir âr, gwaraidd
fe feddyliaf am y 'gwas bach'.

A holi fy hun a fu i rywbeth arall
drigo, ar y ffarm y diwrnod hwnnw
a cholled arall ei chloi'n y pridd?
Ac yn hiraeth unig y llaethdy
a'i laeth twrw beunyddiol

A fu i'r erwau glas dros nos
droi yn erwau cwsg?

Farmhand

He was nothing more
– nor less, for that matter –
than a farmhand in a world of green
driving cows to the dairy
feeding calves and hens,
separating feuding chickens –
small things, part of living, part of death.

What was there here
for any creature, beyond the instinct to survive?
Instinct won out, the night
his father died, the lad
too young to share the grown-ups talk
of a small farmer on a broader acre,
the world beyond – too far away
for well-chosen words in the glacial parlour.
After all, there was milking to do,
another will to be done
and though a boy, the farmhand
knew how to work like a man.

Sometimes, when I look
at the fat fields of Carmarthenshire
I think of that farmhand.

And ask myself, did something else
die on the farm that day,
was another loss laid to rest?
And in the dairy's long loneliness,
the daily beestings, did
the green acres, overnight
drift into fenceless fields of sleep?

[EAH]

Y Cymun Bychan

Gad i ni weld y dwylo
Dihalog yn y wledd

T. ELFYN JONES

Ef oedd yr unig ddyn y gwyddwn amdano gyda set o lestri di-ddolen,
tŷ bach twt.

Ambell brynhawn ag yntau'n bugeilio awn i'w gorlan.

Yno, arllwyswn lond llygad o ddŵr glân mewn parti unig.

Un dydd, gydag ôl deigryn yng ngwaelod dysgl, eglurodd i mi mai
llestri'r claf oeddynt.

Cofiais am y gwin, lliw arennau, a'r bara ewinedd.

Soniodd am ddiwallu y rheiny oedd yn ddarpar ymadawedig.

Meddyliais droeon, pa mor bell oedd siwrne'r sychedig.

Weithiau, cyn cysgu, dychmygais yfed o'r llestr a'i risial ar fy min
cyn cau fy llygaid a dal fy anadl wrth amseru marw.

Heddiw, mae'r llestri'n segur, ôl gwefus a bys wedi ei lanhau megis
glanweithdra angau.

Ond saif y llun o'r Bugail yn bendithio bwrdd.

Ef a fu â'i ddwylo mawr yn trin creaduriaid.

A'r lluniaeth o'r dwylo dihalog yn cynnig dolen esmwyth mewn
llestri sy'n ddrylliedig.

The Small Communion

O let us see, immaculate,
His hands spread out the feast.
T. ELFYN JONES

He was the only man I knew who had a set of little cups without
handles, who played at houses.

Some afternoons when he was away, shepherding, I'd creep into his
fold.

I'd pour out a drop or two of clear water, a party for one.

One day, seeing the trace of a tear at the bottom of a bowl, he
explained that these dishes were for the housebound, the
bedridden.

I remembered the kidney-coloured wine, the slivers of bread. He
spoke of attending to the needs of the dying.

I often thought how far the thirsty had to travel.

Sometimes, before falling asleep, I would imagine I drank from the
cup, its crystal on my lip. Then I'd close my eyes and hold
my breath while I timed my dying.

Today, the cups lie still, all traces of lips and fingers washed away
as if tidied by death.

But the image of the Shepherd blessing the table remains.

He who gentled creatures with his great hands, the food from those
immaculate hands, a smooth handle on a shattered cup.

[EAH]

Y Cymun Mawr

(Pucklechurch)

A fu Cymun erioed a'i mwy o raid –
na'r Cymun sy'n gôr o wragedd?

Rhai torfol orfodol ar y Sul –
o'u corlan ddur. Yn y gwasanaeth heddi

'roedd y lle'n rhyfeddol dan ei sang.
Genethod wrth draed offeiriad ac e'n traethu

nad oedd Duw fel lleidr unfraich i'w dynnu
mewn arcêd. O ddifri, dyna'i genadwri

a meddai'n swta reit – 'Peidiwch â disgwyl
rhoi arian i mewn â'i gael yn jacpot handi

wrth estyn gweddi.' A minnau'n oedi ar ei eiriau
dyma ni ar liniau heb ddisgwyl dim felly.

Dim o ddim. Cans hynny oedd ei neges.
Eto, gerbron yr allor a'r cwpan wedi ei lenwi

fe welsom beth oedd digon. A beth oedd y Bod
wrth i'r ffiol sychu'n gynt nag y gallem gredu.

A dyna pryd y gwelais mor sychedig yw gwir ffydd:
fforddolion dan glo yn wyllt am ddiwallu

a throi eisiau'n angen. Hithau'n Sul wedi'r cyfan
a'r Cymun mawr yn ffordd o ymbil
am rawnwin tu hwnt i'r Gair – i dorri'r awran.

The Big Communion
(Pucklechurch, HMP)

Did ever a communion have more of a must to it
than this communion of women –

the compulsive, herded ones, on Sunday
from their steel pens. Today, amazingly,

the service was awash with people –
girls at the foot of a priest. He gave out

to them that God was not like a one-armed bandit
in an arcade. Seriously, that's what he said.

He was pretty brusque. 'Don't expect
to put money in and hit the handy jackpot

as you offer a prayer.' I'm still pondering that!
So here we are on our knees, not expecting anything –

nothing at all. That's what he said wasn't it?
Yet, by the altar, with the cup filled,

we saw what was enough, and what Being it was
as the vessel dried quicker than we could believe.

I realised then what a thirst true faith is –
pilgrims locked up, yet wild to quench it,

turning *want* into *need*. So, after all, it was Sunday,
with the big Communion a way of begging
for grapes beyond the Word – and sharing an hour.

[TC]

Glanhau'r capel

(i Eifion Powell)

Rhai glân oedd y Celtiaid:
tra oedd darpar saint mewn ambell le
yn troi at sachliain a lludw,
roedd y Cymry'n llawer mwy cymen,
yn matryd eu hunain at y croen
wrth folchi, canu ac ymdrochi
mewn baddondai a'u galw'n gapeli.

Fe welson nhw'r Ysbryd fel un Lân –
glanhawraig â'i lliain mewn llaw,
pibau'r organ yn sugno'n drygioni;
pob smic a fflwcsyn ar ffo –
heb na thrawst mewn llygad
nac yn agos i'r to.

Nid moli a wnâi'r Cymry
ond moeli'r adeiladau
nes teimlo yng nghanol y weddi –
rhyw gawod, gwlithen fechan
yn chwistrellu chwaon cynnes
cyn sychu i ffwrdd y gair 'pech'.

Ac yn y sedd gefn, a alwem y bad
jacuzzi oedd e i'n bywiocáu.

Wrth i ni fynd tua thre, yn ddi-frycheuyn –
braidd na chlywem y ffenestri 'n chwerthin
a farnais y seddau'n chwysu dan sang eu sglein.

Cleaning the Chapel

(for Eifion Powell)

The Celts were clean people –
in those days, some would-be saints
turned to sackcloth and ashes
but the Welsh were a tidy race:
stripping down to the skin
to wash, bathe and sing
in baths they called chapels.

To them, the Spirit was a spirit of cleanliness –
a charwoman armed with a duster,
every mote of dust hounded and banished,
the organ pipes sucking up our evil
not a single beam in anyone's eye
nor up on the roof.

My people did not so much praise
as prise all ornament from their chapels,
and might have felt, in the middle of prayer
a squirt of something, a draught of warm air
polishing away their sins.

And the back seat, which we called 'the boat'
was a jacuzzi which gave us a new lease of life.

As we turned for home, spotlessly clean
we might have heard the windows laughing,
the pews sweating in their shiny varnish.

[EAH]

117

Saffir

*(er cof am Richard de Zoysa a laddwyd gan wŷr
anhysbys yn Sri Lanca 1990)*

'ystad bardd astudio byd'

Mae dyfodol disglair i'r wlad
meddir, yn ei deimwntau;
minnau, un bore, gerfydd fy ngwirfodd
a'm dwyn i le 'n ffenestru gemau;
a thu ôl i wydr, eu gweled.
'Cewch saffir am getyn pris
y tir mawr,' meddent.
'Fe'ch ceidw yn iach drwy'ch oes'
oedd sylw arall wrth i mi
droi oddi wrth y gyfeillach a phob gem
yn rhythu arnaf yn anghenus.
'Beth am garreg o'r lleuad –
ei liw a enir yn ôl naws y golau?'

Nosweithiau wedyn, wrth wylio'r lloer –
mae gemau Colombo yn dal
i roi pryfóc o flaen fy llygaid.
Gleiniau sy'n groesau ar yddfau'r goludog
a chofiaf eu dal yn dynn yn fy nghledrau:
yn gannwyll llygad, un funud,
yna'n waed ar fy nwylo.
Ac yna, anadl yn dadlau a mi ydoedd
am lanw a thrai. Am fwgwd y lleuad
a'i hamdo drosti.
Ac onid y saffir geinaf
yw tynfaen y gwirionedd?

Heno, mae'r lleuad wyllt
yn codi 'n llawn
yn ei phopty cynnes
gan ddadmer gloynnod iâ'r
nos.

Sapphire

(in memory of the poet Richard de Zoysa,
killed by unknown men in Sri Lanka in 1990)

The country's bright future
lies in her diamonds, they tell me.
Morning, and I'm dragged
to the jeweller's window.
I stare at them through glass.
'You can get a sapphire for a snip
in our country,' they said.
'It would keep you healthy,'
someone says to me,
turning away from their brotherhood
and the hothead stones.
'What about a moonstone
whose colour comes from the touch of light?'

Nights later, watching the moon,
Colombo's jewels come to mind,
flirting with my eyes,
jewelled crosses on the necks of the rich.
I remember them in the palms of my hands:
candle's eye, then in an instant
blood on my hands,
a moment, an intake of breath accuses me
as the tide ebbs under the masked moon
its shroud drawn over the world.
Yet surely, the finest sapphire of all
is the loadstone of truth?

Tonight, the wild moon
rises to the full
in its warm oven,
melting the ice-moths of the night.

[GC]

Y Bardd Di-flewyn

(wrth gofio'r bardd yn Barcelona)

Golchi'r yn lân bob, bore
yw swydd afrwydd y bardd.

'Gwrych sy gennyf,' meddai wrthyf.
Ac heb feddu offer eillio na chysur balm.

Allan â ni i'r ddinas fawr, rhyw ddau alltud
ar driwant, cerdded y palmant a'r Sul yn ddi-salm.

Yr hirdrwch yn ei boeni'n fawr. Ac eto?
'Onid gweddus,' meddwn, 'yw gwrych a dardd

ae ên un sy'n codi gwrychyn?' A chil-
wenu a wnest wrth i bob man droi'n ddi-lafn.

A dychwelasom yn waglaw. Ddoe ddiwethaf
fe gofiais yr hyn yr ofnais ei ddweud yn blaen.

O, fel y gallet fod wedi dal yn dy ysgrifbin.
Onid min oedd iddo, a rasel, i wella'r graen

gan rathu'n glós pob wyneb; llyfnu bochau'n glir
o bob gwrychiau? Onid, plannu llafn

a chael y genedl hon yn gymen wnest? O drwch blewyn.
Crafu'n agos i'r wythïen las nes iasu'n gwedd.

A chlywed anadl drom arnom – cyn pereiddio grudd:
dau beth sy'n groes i'r graen yw eillio ac eli

fel y ddeuddyn ynot. Ar wrych wrth chwilio'n sylwedd
ond â llaw lonydd, sad at sofl enaid, hyd y diwedd.

The Poet

(in Barcelona)

To wash the world new every morning,
that's the poet's work.

'I have a hedge,' he told me.
And no razor. No aftershave.

Off we went into the city, two exiles
bunking off, walking the psalmless Sunday streets.

His mind was on stubble. Yet,
'Surely it's right,' I said, 'that prickles grow

on the chin of a man who's a thorn in our side?'
You half smiled, and everywhere bladeless.

We returned empty-handed. Just yesterday
I remembered what I wanted to say:

You could pick up your pen,
razor-sharp, and sleek skin with it,

shave every cheek, smooth every face
of wrinkles. Haven't you, bit by bit,

close-shaved the nation within a hair's breadth,
scraped close to the vein till the skin gasped

and we felt the blade's breath before the balm?
Two things at odds, the balm and the blade,

like the men in you, one needling our minds,
the other with a still steady hand on our souls, in the end.

[GC]

Cusan Hances

Mae cerdd mewn cyfieithiad fel cusan drwy hances.

R.S. THOMAS

Anwes yn y gwyll?
Rhyw bobl lywaeth oeddem

yn cwato'r gusan ddoe.
Ond heddiw, ffordd yw i gyfarch

ac ar y sgrin fach, gwelwn
arweinwyr y byd yn trafod,

hulio hedd ac anwes las;
ambell un bwbach. A'r delyneg

o'i throsi nid yw ond cusan
drwy gadach poced, medd ein prifardd.

Minnau, sy'n ymaflyd cerdd ar ddalen
gan ddwyn i gôl gariadon-geiriau.

A mynnaf hyn. A fo cerdd bid hances
ac ar fy ngwefus

sws dan len.

Handkerchief Kiss

A poem in translation is like kissing through a handkerchief.
R.S. THOMAS

A caress in the dark.
What a tame lot we were,

with our secretive yesterday's kisses.
Today, it's a common greeting,

and we watch on the small screen
world leaders deal peace

with a cold embrace,
or an adder's kiss. The lyric

translated is like kissing
through a hanky, said the bard.

As for me, I hug those poems between pages
that bring back the word-lovers.

Let the poem carry a handkerchief
and leave on my lip

its veiled kiss.

[GC]

NODIADAU

Y Galon Goch
Dod ar draws y gair 'camfflabats' a wnes a dotio arno. Hei lwc oedd cael y cyfle i'w ddefnyddio yn dilyn gwylio rhaglen deledu amdani.

Dim ond Camedd
Darllenais yn y papur newydd am ddiwydiant y diwyg ysgafn. Dechreuodd fel cerdd ddychanol a datblygu'n fwy amwys a dwys. Darllener hi fel y mynner.

Y Goeden Grinolïn / Lladron Nos Dychymyg / Crwydro
Cerddi am henaint yn amlygu ei hun trwy wahanol ddychmygion, yr hyn yw hanfod barddoniaeth yn aml iawn.

Preiddiau'r Cymry
Ar ôl yr holl dynnu coes am Gymry a defaid dyma dalu'r pwyth yn ôl gan ailddehongli ystyr y gair 'dafad ddu'.

Papurau Reis / Cu Chi
Dwy gerdd ar ôl treulio amser yn Fietnam. Fe ymwelais â thai bwyta Fietnam wrth deithio o'r de i'r gogledd a hyn oedd pennaf genhadaeth fy nghyfieithydd sef sicrhau ymborth digonol. Fel un sy'n ofnus o drychfilod fe fu sefyllian âr fy mhen fy hunan mewn twnnel am rai munudau yn artaith gyda'u llygaid chwyddedig yn rhythu arnaf.

Mwlsod
Defnyddiwn mwlsyn fel gair difrïol heddiw. Dyna oedd yn weddus hefyd wrth i mi gellwair â'r llopanau am fy nghadw yn fy lle.

Llenni Cau
Wrth fynd am dro un dydd gofynnodd plentyn bach i'w fam a oedd y llenni ar gau am eu bod yn 'caru'. A dyna gychwyn ar y syniad ein bod fel Cymry yn hoffi cau gogoneddau'r Gymraeg a'i llên rhag i neb eu gweld.

Remsen
Un o gymeriadau mwyaf dadleuol y bedwaredd ganrif ar bymtheg oedd SR sef Samuel Roberts, llenor a phregethwr. Fel heddychwr digyfaddawd yn yr Amerig fe gafodd ei gamddeall gan lawer. Wrth ddarllen ei lythyron yn y Llyfrgell Genedlaethol cofiaf ddarllen am ei unplygrwydd wrth ymgyrchu dros hawliau pobl o bob math yn enwedig hawl merched i gael y bleidlais. Wrth ymweld â Remsen a chael croeso mawr mewn ty tafarn yno, fe gofiais amdano ef yn cael drws y capel wedi ei gau yn ei wyneb.

NOTES

The Red Heart
I was intrigued by the notion that the old Welsh word for 'vagina' is
Y llawes goch – 'the red sleeve'. I saw someone on television ask his
wife to dye her pubic hair red and shave it into the shape of a heart,
so giving a new meaning to the phrase 'to wear your heart on your
sleeve'. *Camfflabats* is a south Walian colloquial expression long
gone from circulation. Until now, that is.

Teeth of the Sun
I heard of a Californian law that prohibited putting oranges in a
bath.

Standing By
In Welsh 'waiting' has at least three different meanings and depends
on the exact kind of waiting involved.

Nothing but Curves
In the US they take their lingerie seriously, calling them 'engineering
projects'. In Welsh, the word *bronglwm* years ago would send people
into fits of laughter as the vocabulary of sexual politics had not yet
become part of the acceptable poetic vocabulary. This tries to redress
that…

The Crinoline Tree / Night Thieves / Wandering
As they got older my aunts responded to everyday life in surprising
ways.

Sheep, People and Wales
The first sheep on the Isles of Britain were the brown or black Soay
sheep. This gives new meaning to the way the Welsh have been
treated by the British state in the past.

Rice Papers
I spent many weeks in Vietnam in 1994 and 1995 researching a
documentary for S4C. During my first visit I was looked after by the
Cultural department of the government and a woman called Trinh.

Cu Chi
During filming in the tunnels of Cu Chi the cameraman wanted me
to explore a tunnel that was not used by tourists. I was left there
while the crew went outside to change batteries. In those brief min-
utes I sensed some of the nameless insects which encircled me.

Harlem yn y Nos
Yn ystod 1998 treuliais gyfnod yn gweithio yn ninas Efrog Newydd. Tra'n gweithio gyda chyfansoddwr yno, byddai gofyn i mi deithio yn ôl yn hwyr y nos neu yn y bore bach trwy Harlem. Lle dilewyrch iawn yw heb oleuadau mewn rhai mannau. Cerdd yw sydd yn ddyhead am uniaethu â phawb sydd yn gorfod croesi ffiniau gan deimlo'n ddigartref a diymgeledd.

Bore da yn Broadway
Dieithredd sydd yn ennill y dydd yn y gerdd hon hefyd wrth i adnabyddiaeth droi bron iawn yn ddibyniaeth.

Y Gwas Bach
Mewn oes pan yw pawb yn sôn am ddifodiant cefn gwlad dyma olwg mwy sinistr a llai rhamantus ar fagwraeth amaethyddol.

Saffir
Cerdd er cof am fardd ifanc addawol a laddwyd yn Sri Lanka yn 1990. Bu'n ohebydd, darlledwr, cyfarwyddwr theatr a darlithydd ac fe'i welwyd fel awdur 'disglair y dyfodol'. Ond, yn dilyn perfformiad o ddrama ddychanol ganddo am y drefn sy'n bodoli yn Sri Lanka fe'i gipiwyd ryw brynhawn gan wŷr arfog ac fe olchwyd ei gorff i'r lan y bore wedyn. Fe'i saethwyd yn ei ben. Tra oeddwn yno, lawnsiwyd cyfrol o'i waith.

Y Bardd Di-flewyn / Cusan Hances
Yn ystod paratoi'r gyfrol bu farw'r bardd RS. Cofiais am fynd allan i chwilio am offer eillio iddo pan oedd ef a minnau yn darllen mewn Gŵyl Lenyddol ym Marcelona.

Malediction
'Sioni Wynwyns', or Johnny Onions in English, was the name given to peripatetic Breton onion-sellers, once a familiar sight on the streets of Welsh towns.

Mules
Following a suggestion from my doctor that I should slow down I went out and bought a pair of slippers.

Stinger's Remsen
Samuel Roberts faced in the US the classic pacifist dilemma of opposing the Civil War and yet was an opponent of slavery.

Cat Out of Hell
A 93-year-old woman was caught speeding. Since she complained that she could not afford to pay the fine she was allowed to complete some hours of community work – for meals on wheels.

The Small Communion
My father, a minister, had a miniature communion set which he used when visiting sick and bedridden members of his congregation. I used to play with the tiny vessels.

The Big Communion
In Pucklechurch, a women's prison, a surprising number of inmates go to Communion on Sunday. It may have something to do with the wine.

Cleaning the Chapel
The Reverend Eifion Powell in a sermon once mentioned how a chapel member used to translate the Welsh *Ysbryd Glân* as 'Clean Spirit'.

Sapphire
During March 2000 I visited Colombo, Sri Lanka, and was moved by the resilience of the literary communities there. I was present when a book was launched ten years after the death of the poet, Richard de Zoysa. He was also a broadcaster, playwright, teacher and theatre director. During his last months he had been more critical about the war in Sri Lanka. He was picked up one afternoon by a group of men and a few hours later his body was washed ashore. He had been shot in the head. Not all poets have the good fortune to let their words speak freely.

The Poet / Handkerchief Kiss
Two poems of tribute to R.S. Thomas.

NOTES ON THE TRANSLATORS

Joseph P. Clancy is a poet, critic and translator from New York City, where he lived until his retirement in 1990, when he settled in Wales. He is Marymount Manhattan College's Emeritus Professor of English and Theatre Arts. His selected poems, *The Significance of Flesh*, had its UK publication in 1984, and *Here & There* in 1994. He has also translated extensively from medieval and modern literature – most recently a selection of Welsh folk poems, *Where There's Love* (1995). His most recent publications are *Other Words* (1999) and *Ordinary Time* (2000).

Gillian Clarke is a poet and teacher of creative writing. She has published seven volumes of poetry, including her *Collected Poems* (1997) and *Five Fields* (1998). She has translated the Welsh novel *Tegwch y Bore* by Kate Roberts and a play commissioned for Theatr Powys, *The Time of the Wolf*. As editor and reader she travels widely and has read her work throughout the world. Her most recent work was poetry commissioned for the medieval garden at Aberglasney, the Botanic Garden of Wales, and the sixth centenary Owain Glyndŵr celebrations.

Tony Conran is a poet, critic and playwright, also well-known for his translations of Welsh language poetry. His recent collections *Blodeuwedd* (1988) and *Castles* (1993) were awarded prizes by the Arts Council of Wales and BBC Arts Awards. In 1995, writers and friends collaborated to celebrate his literary achievements with a book called *Thirteen Ways of Looking at Tony Conran*. Since then he has published three collections, *Eros Proposes a Toast* (1998), *Theatre of Flowers* (1998) and *A Ganymede Symphony* (1999).

Elin ap Hywel is a poet and translator. As well as two volumes of poetry, *Cyfaddawdu* and *Pethau Brau*, her work has been published in many periodicals and anthologies, including *Poetry World*, *Oxygen*, ed. Amy Wack (Seren) and *Writing the Wind: A Celtic Resurgence*. Her work has been translated into Czech, English, Italian, German and Romanian.

Nigel Jenkins is a freelance writer and poet. His latest book of poems is *Ambush* (1998); his book about Welsh missionaries in India, *Gwalia in Khasis* (1995) won the Arts Council of Wales Book of the Year Award in 1996. He is currently co-editor of the Welsh Academy's Encyclopaedia of Wales. With Menna Elfyn he co-directs a Creative Writing M.A. programme.